Markus Schulten
Religiöse Kleidung und Symbolik als Rechtsproblem

D1574597

MARKUS SCHULTEN

Religiöse Kleidung und Symbolik als Rechtsproblem

EINE ÜBERSICHT ZU AKTUELLEN STREITFRAGEN

Umschlagfotos (v.l.n.r.):
dpa; picture alliance / Michael Kappe/ dpa; Benediktinerinnenabtei zur Hl. Maria, Fulda

© 2018 Aschendorff Verlag GmbH & Co. KG, Münster
www.aschendorff-buchverlag.de

Printed in Europe

ISBN 978-3-402-13386-6

Vorwort

Wer in den letzten Wochen und Monaten die Tageszeitung aufgeschlagen hat, konnte gewissen Schlagzeilen kaum entkommen, die einen seit Jahren zu beobachtenden Streit erneut auf die Agenda des öffentlichen Diskurses gesetzt haben. In unterschiedlich großen Lettern publizierten die auflagenstärksten Printmedien Berichte, Interviews und Analysen über ein Phänomen, dass die Gesellschaft und die Politik gleichermaßen bewegt und erregt: die zunehmende Präsenz religiös konnotierter Bekleidung und Symbolik im öffentlichen Raum. Wahlweise geht es dann um das Kopftuch der muslimischen Lehrerin bzw. Lehramtskandidatin, um die Burkaträgerin in den Einkaufsstraßen einiger deutscher Großstädte, die Anbringung von christlichen Kreuzen in Schulen, Gerichtssälen und Behörden, das Vorhandensein von Gebetsräumen in öffentlichen Einrichtungen sowie um vieles mehr. Es scheint dabei einen auffallenden Widerspruch in der subjektiven Wahrnehmung vieler Bürgerinnen und Bürger zu geben: dem von mancher fachwissenschaftlicher Stelle vorgetragenen (vermeintlichen) Rückgang von Religiosität bzw. des Religiösen im gesamtgesellschaftlichen Kontext steht eine zunehmende, alltägliche und zunächst visuelle Konfrontation mit zahlreichen religiösen Symbolen gegenüber. Das muslimische Kopftuch gehört in vielen deutschen Städten mittlerweile genauso zum Straßenbild wie das Phänomen von Wegkreuzen in den südlichen Bundesländern.

Dieses Buch möchte sich nicht den religionssoziologischen Hintergründen widmen, etwa, ob es zutrifft, dass die deutsche Gesellschaft wirklich zunehmend weniger religiös ist oder ob durch weitere Befunde (aktuelle Flüchtlingskrise, Anwachsen der muslimisch geprägten Bevölkerung u.v.m.) sogar – im Gegenteil – das Erstarken bestimmter religiöser Strömungen anzunehmen ist. Dies ist bereits vielfach geschehen und wird weiterhin aufmerksam beobachtet werden. Es geht vielmehr um den Versuch einer *rechtlichen* Bestandsaufnahme und einer *systematischen* Gliederung der Situation, die *hinter* den Schlagzeilen steht: Warum ist das Kopftuch einer Lehrerin eigentlich ein Problem? Wieso hat das Bundesverfassungsgericht das Anbringen christlicher Kreuze in Klassenzimmern untersagt? Darf ein Angehöriger der Sikh-Religion unter Berufung auf seine Religionsfreiheit den Motorradhelm abnehmen, weil er nicht auf seinen religiös verpflichtend vorgeschriebenen Turban passt? Welche grundrechtlichen Positionen und Hintergrundannahmen stehen jeweils im Widerstreit zueinander?

Diese und andere Fragen werden durch die Medienberichterstattung und zum Teil leider auch in der fachwissenschaftlichen Auseinandersetzung nicht immer hinreichend genug differenziert. Manches Urteil oder gesetzgeberische Entscheidung stehen am Ende eines langen und komplexen Verfahrens oder Erkenntnisprozesses bzw. sind auch im Kontext von europarechtlichen Entwicklungen zu sehen und zu würdigen.

Es ist einer systematisierenden Zusammenstellung geschuldet, dass sie nicht jedes Einzelproblem umfassend würdigen kann. Manche Probleme werden daher nur angerissen, für andere soll ein Problembewusstsein geschaffen werden. Ebenso war zu einem bestimmten Zeitpunkt ein Darstellungsschnitt geboten. Rechtsstand dieser Bearbeitung ist daher der 30. Juni 2018.

Die vorliegende – vom Autor als Einstieg in die Thematik konzipierte – Zusammenstellung wurde angeregt, kritisch begleitet und fortentwickelt von dem beim Kommissariat der Deutschen Bischöfe – Katholisches Büro – in Berlin angesiedelten und verantworteten Gesprächskreis Religionsverfassungsrecht, dessen Mitglieder sich aus verschiedenen katholischen Einrichtungen zusammensetzen, die sich in regelmäßigen Abständen über die grundlegenden und perspektivischen Probleme und Rechtsfragen des Religionsverfassungsrechts austauschen. Dort entstand die Idee einer systematischen Übersicht über die derzeitige Rechtslage, die besonderen und nicht unheiklen religionsrechtlichen Spannungsfelder sowie die bereits vorliegende Rechtsprechung. Ich bin den Mitgliedern des Gesprächskreises für viele Gespräche, wertvolle Hinweise, Anregungen und Gedanken außerordentlich dankbar. Ein besonderer Dank gilt dabei – in alphabetischer Reihenfolge – Herrn Stephan Dreyer (Hamburg), Frau Katharina Jestaedt (Berlin), Herrn Dr. Burkhard Kämper (Düsseldorf), Frau Prof. Dr. Magdalene Kläver (Wiesbaden), Frau Bettina Nickel (München), Frau Dr. Gabriela Schneider (Berlin), Herrn Markus Schulte (Berlin) sowie Herrn Helmut Wiesmann (Bonn).

Bonn, den 30.6.2018
Dr. Markus Schulten

Gliederung

A. Einleitung   15
B. Innere Überzeugung und äußere Kundgabe   17

   I. Bedeutung und Vielgestaltigkeit religiös konnotierter Kleidung .   17

      1. Christliche Kleidung und Symbole   18
      2. Jüdische Kleidung und Symbolik   22
      3. Islamische Kleidung und Symbolik   23
      4. Weitere exemplarische Religionsgemeinschaften:
         Kleidung und Symbolik der Sikh und der Bahai   29
      5. Zwischenfazit   31

  II. Der verfassungsrechtliche Schutzmantel des Grundgesetzes
     und einfachgesetzliche Ausgleichsmodelle   32

      1. Schutz der Kleiderwahl durch das allgemeine
         Persönlichkeitsrecht   33
      2. Schutz der Kleiderwahl durch die Religionsfreiheit
         (Art. 4 Abs. 1 und 2 GG)   34
      3. Bisherige gesetzliche Konfliktlösungsoptionen in medial
         weniger beachteten Konfliktfällen und besondere Probleme
         der jüngeren Gesetzgebung   36

         a. Straßenverkehrsrecht   37
         b. Recht der öffentlichen Sicherheit und Ordnung,
           insbesondere Versammlungsrecht   40
         c. Das Hausrecht in öffentlichen oder privaten Einrichtungen   44
         d. Verhüllungsverbote   46

      4. Religiös konnotierte Kleidung und religiöse Symbolik
         als Gegenstand von Konkordaten und Kirchenverträgen? . .   49

C. Religiös konnotierte Bekleidung / Symbolik im Schulwesen   54

   I. Multiple Kollisionslagen   54
  II. Konkretisierung der verfassungsrechtlichen Konfliktlagen   55

III. Religiöse Symbolik / Bekleidung bei Schülerinnen und Schülern   57

    1. Burka und Niqab im Schulunterricht   57

        a. Vorliegende fallspezifische Rechtsprechung   57
        b. Erste Impulse durch das Niedersächsische
           Schulgesetz (2017)   58
        c. Bestandsaufnahme und Konsequenzen   60

    2. Das Kopftuch der muslimischen Schülerin   63
    3. Der sog. Burkini   66

        a. Rechtsprechungsentwicklung in Deutschland   66
        b. Europa- und menschenrechtliche Akzente in
           Sachen „Burkini"   70
        c. Würdigung   71

IV. Religiöse Kleidung / Symbolik bei Lehrkräften an
    öffentlichen Schulen   73

    1. Die Rechtsprechung des BVerfG zum Kopftuch der
       muslimischen Lehrerin   73

        a. Von der abstrakten zur konkreten Gefahr für den
           Schulfrieden und die staatliche Neutralität   73
        b. Würdigung / zukünftige Problemlagen   76

    2. Reaktionen der Landesgesetzgeber infolge des sog.
       „Kopftuch II"-Beschlusses unter besonderer Würdigung
       der Rechtsverhältnisse in Berlin   80
    3. Konventionsrechtliche Aspekte aus der Rechtsprechung
       des EGMR   84
    4. Baghwan-Kleidung   85
    5. Sonderfall: Ordenstracht   86

V. Exkurs: Staatlich verantwortete religiöse Symbolik –
    das Kreuz im Klassenraum   87

    1. Die Rechtslage in Deutschland   88
    2. Die Rechtsprechung des EGMR   90
    3. Würdigung und offene Fragen   92

D. Religiös konnotierte Bekleidung / Symbolik vor Gericht 94

   I. Rechtsprechung 95

      1. Rechtsreferendarinnen und Rechtsreferendare 95
      2. Schöffinnen und Schöffen 96
      3. Zeuginnen und Zeugen 97
      4. Gerichtsöffentlichkeit 97

   II. Gesetzgeberische Initiativen 98

      1. Baden-Württemberg 98
      2. Bayern 99
      3. Neue Impulse von der Frühjahrskonferenz der
         Justizminister/innen 2018 99

   III. Würdigung 100

E. Religiös konnotierte Bekleidung / Symbolik am
   privatrechtlichen Arbeitsplatz 103

   I. Problemaufriss 103
   II. Ausstrahlungswirkung der Grundrechte ins Arbeitsrecht 105
   III. Übersicht über die bisherige Rechtsprechungsentwicklung ... 107

      1. Rechtsprechung der deutschen Arbeitsgerichte 107
      2. Die Rechtsprechung des EGMR 111
      3. Neuere Entwicklungen durch die Rechtsprechung des EuGH . 114

   IV. Exkurs: Fremde religiöse Kleidung in *kirchlichen*
      Unternehmen und Einrichtungen 119
   V. Zusammenfassung 123

F. Ein (nicht ganz vollständiger) Ausblick 125

Abkürzungsverzeichnis

a. A.	andere(r) Ansicht
AAS	Acta Apostolicae Sedis
Abl.	Amtsblatt
Abs.	Absatz / Absätze
AGB	Allgemeine Geschäftsbedingungen
AGG	Allgemeines Gleichbehandlungsgesetz
Anm.	Anmerkung
ArbG	Arbeitsgericht
ArbR	Arbeitsrecht aktuell
ArbRB	Arbeitsrechtsberater
Art.	Artikel
Aufl.	Auflage
Az.	Aktenzeichen
BAG	Bundesarbeitsgericht
BaWü	Baden-Württemberg
BayBG	Bayerisches Beamtengesetz
BayEUG	Bayerisches Gesetz über das Erziehungs- und Unterrichtswesen
BayGVBl.	Bayerisches Gesetz- und Verwaltungsblatt
BayRiG	Bayerisches Richtergesetz
BayVBl.	Bayerische Verwaltungsblätter
BayVerf	Verfassung des Freistaates Bayern
BayVerfGH	Bayerischer Verfassungsgerichtshof
BayVGH	Bayerischer Verwaltungsgerichtshof
BBG	Bundesbeamtengesetz
BeamtStG	Beamtenstatusgesetz
Beschl.	Beschluss
BGB	Bürgerliches Gesetzbuch
BGH	Bundesgerichtshof
BGHZ	Entscheidungen des Bundesgerichtshofs in Zivilsachen
BR	Bundesrat
BT	Bundestag
BVerfG	Bundesverfassungsgericht
BVerfGG	Bundesverfassungsgerichtsgesetz
BVerfGE	Amtliche Entscheidungssammlung des BVerfG
BVerfG-K	Kammerentscheidung des BVerfG

BVerwG	Bundesverwaltungsgericht
BVerwGE	Amtliche Entscheidungssammlung des BVerwG
BW	Baden-Württemberg
BZ	Berliner Zeitung
bzw.	beziehungsweise
CSU	Christlich Soziale Union
Der Staat	Der Staat. Zeitschrift für Staatslehre und Verfassungs- geschichte, deutsches und europäisches öffentliches Recht
DITIB	Türkisch-Islamische Union der Anstalt für Religion e. V.
DOK	Deutsche Ordensobernkonferenz e.V.
DÖV	Die Öffentliche Verwaltung
DRiG	Deutsches Richtergesetz
DRiZ	Deutsche Richterzeitung
Drs.	Drucksache(n)
DVBl.	Deutsches Verwaltungsblatt
Ebd.	Ebenda
EGMR	Europäischer Gerichtshof für Menschenrechte
Einl.	Einleitung
EKD	Evangelische Kirche in Deutschland
EMRK	Europäische Konvention zum Schutz der Menschenrechte und Grundfreiheiten vom 4. November 1950
EssGspr.	Essener Gespräche zum Thema Staat und Kirche
etc.	et cetera
EuGH	Europäischer Gerichtshof
EuGRZ	Europäische Grundrechte-Zeitschrift
EuZA	Europäische Zeitschrift für Arbeitsrecht
ev.	Evangelische(e)
EvKiV	Evangelischer Kirchenvertrag
f.	folgende (Seite); für
FAS	Frankfurter Allgemeine Sonntagszeitung
FAZ	Frankfurter Allgemeine Zeitung
ff.	folgende (Seiten)
FR	Frankfurter Rundschau
GBl.	Gesetzblatt
GewO	Gewerbeordnung
GG	Grundgesetz

GrCH	Charta der Grundrechte der Europäischen Union
grds.	grundsätzlich(e)
GVBl.	Gesetz- und Verordnungsblatt
GVG	Gerichtsverfassungsgesetz
GV.NW	Gesetz- und Verordnungsblatt für das Land Nordrhein-Westfalen
Hess.	Hessen, hessische(s)
HK	Herder Korrespondenz
Hrsg.	Herausgeber
i. E.	im Ergebnis
i.S.v.	im Sinne von
i.V.m.	in Verbindung mit
JA	Juristische Ausbildung
jM	juris – Monatszeitschrift
JuS	Juristische Schulung
JZ	Juristenzeitung
KABl.	Kirchliches Amtsblatt
Kap.	Kapitel
KG	Kammergericht
Kibiz	Kinderbildungsgesetz
KirchE	Entscheidungen in Kirchensachen
KMBA	Katholisches Militärbischofsamt
KNA	Katholische Nachrichten Agentur
KSchG	Kündigungsschutzgesetz
KStA	Kölner Stadt Anzeiger
KuR	Kirche und Recht
LAG	Landesarbeitsgericht
LG	Landgericht
Lit.	Literatur
LKStKR	Lexikon für Kirchen- und Staatskirchenrecht
LT	Landtag
LThK	Lexikon für Theologie und Kirche, 3. Aufl.
m.w.N.	mit weiteren Nachweisen
Nds.	Niedersächsisch(e, es)

NJW	Neue Juristische Wochenschrift
NRW	Nordrhein-Westfalen
NStZ	Neue Zeitschrift für Strafrecht
NVwZ	Neue Zeitschrift für Verwaltungsrecht
NVwZ-RR	Neue Zeitschrift für Verwaltungsrecht – Rechtsprechungs-Report
NZA	Neue Zeitschrift für Arbeitsrecht
NZA-RR	Neue Zeitschrift für Arbeitsrecht – Rechtsprechungs-Report
NZZ	Neue Zürcher Zeitung
öaT	Zeitschrift für das öffentliche Arbeits- und Tarifrecht
o.g.	oben genannt(e)
OVG	Oberverwaltungsgericht
Palandt/Bearb.	Kurzkommentar zum BGB, 77. Aufl. 2018
PflR	Pflegerecht (Fachzeitschrift)
PolG	Polizeigesetz
PWW	BGB Kommentar, hrsg. v. Hanns Prütting, Gerhard Wegen und Gerd Weinreich, 11. Aufl., Köln 2016
RdA	Recht der Arbeit
RdJB	Recht der Jugend und des Bildungswesens
RGBl.	Reichsgesetzblatt
RGG	Religion in Geschichte und Gegenwart
RKEG	Gesetz über die religiöse Kindererziehung vom 15. Juli 1921
Rn.	Randnummer
Rspr.	Rechtsprechung
S.	Seite(n)
s.a.	siehe auch
s.u.	siehe unten
SchulG	Schulgesetz
SGB	Sozialgesetzbuch
sog.	sogenannt(e)
SPD	Sozialdemokratische Partei Deutschlands
StGB	Strafgesetzbuch
StPO	Strafprozessordnung
StV	Strafverteidiger
StVG	Straßenverkehrsgesetz
StVO	Straßenverkehrsordnung
SZ	Süddeutsche Zeitung

taz	Die Tageszeitung
ThPQ	Theologisch-praktische Quartalsschrift
ThürKathKV	Vertrag zwischen dem Heiligen Stuhl und dem Freistaat
	Thüringen vom 11. Juni 1997
TOP	Tagesordnungspunkt
TRE	Theologische Real Enzyklopädie
u.a.	und andere / unter anderem
Urt.	Urteil
usw.	und so weiter
u.U.	unter Umständen
v.	vom, von
v.a.	vor allem
VBlBW	Verwaltungsblätter Baden-Württemberg
VersG	Versammlungsgesetz
VG	Verwaltungsgericht
VGH	Verwaltungsgerichtshof
VOBl.	Verordnungsblatt
VR	Verwaltungsrundschau
WRV	Weimarer Reichsverfassung
ZAR	Zeitschrift für Ausländerrecht und Ausländerpolitik
z.B.	zum Beispiel
ZDMG	Zeitschrift der Deutschen Morgenländischen Gesellschaft
ZevKR	Zeitschrift für evangelisches Kirchenrecht
ZfA	Zeitschrift für Arbeitsrecht
Ziff.	Ziffer
ZKJ	Zeitschrift für Kindschafts- und Jugendrecht
ZJS	Zeitschrift für das juristische Studium
ZMV	Zeitschrift für Mitarbeitervertretung
ZPEMRK	Zusatzprotokoll zur EMRK
ZRP	Zeitschrift für Rechtspolitik

A. Einleitung

Die Frage nach der *erlaubten, angemessenen*, mitunter – aus kritischer Dritt- bzw. Außenperspektive – auch *zumutbaren* Präsenz religiöser Symbolik und Kleidung im öffentlichen Raum bewegt die Gesellschaft und nicht zuletzt die staatlichen Gerichte als zunehmendem Ort auch religiöser Konfliktaustragung seit Jahrzehnten.[1]

Auch wenn die aktuelle Medienberichterstattung sich schwerpunktmäßig auf die Fälle der zunehmenden Präsenz muslimisch konnotierter Kleidung und Symbolik fokussiert[2], darf dies nicht darüber hinweg täuschen, dass die o.g. Ausgangsfrage(n) keineswegs auf den muslimischen Kontext verengt werden können, wie jüngst etwa die intensiv geführten Debatten rund um das Kreuz auf dem Berliner Stadtschloss[3], christlich konnotierten Schmuck einer Berliner Lehrerin[4] sowie die Empfehlung des Vorsitzenden des Zentralrates der Juden, Josef Schuster, in eini-

[1] Grundlagenjudikate des BVerfG weit vor den sog. „Kopftuchurteilen" (E 108, 282 – Kopftuch I; E 138, 296 – Kopftuch II; BVerfG-K, Beschl. v. 18. Oktober 2016 – 1 BvR 354/11 – Kopftuch einer Erzieherin in einem kommunalen Kindergarten) waren etwa: BVerfGE 35, 266 (Kreuz im Gerichtssaal); BVerfGE 52, 223 (Schulgebet); BVerfGE 93, 1 (Kruzifix). Einen ersten Überblick in die Judikatur gibt *Hans Michael Heinig*, Gerichtliche Auseinandersetzungen um Kreuz und Kopftuch im öffentlichen Raum. Thesen und Beobachtungen, in: Karlies Abmeier / Michael Borchard / Matthias Riemenschneider (Hrsg.), Religion im öffentlichen Raum, Paderborn, München, Wien, Zürich 2013, S. 79 ff.; grundlegend auch: *Rudolf Steinberg*, Religiöse Symbole im säkularen Staat, Der Staat 56 (2017), S. 157 ff.

[2] Gerade mit Blick auf die sog. „Burka-Diskussion" wird man sich des Eindrucks einer gewissen, vereinzelt sicherlich auch forcierten, Hysterie nicht erwehren können. Prägnant *Joachim Frank*, Kein Recht auf sozialen Autismus, KStA v. 25.7.2017, S. 4: „Die Komplettverschleierung von Musliminnen ist das perfekte Reizthema: Es gibt nur wenige Betroffene. Die Burka ruft mit ihrer Fremdheit fast automatisch Aversion und Abwehr hervor. (…)."

[3] Hier insbesondere die Berichterstattung der Berliner „Tagesspiegels": *Lars von Törne*, Einen Strich unters Kreuz gezogen. Stiftungsrat stellt klar, was aufs Schloss kommt, Der Tagesspiegel v. 23.6.2017, S. 19; *Christiane Peitz*, Der Zweifel in Großbuchstaben, Der Tagesspiegel v. 7.6.2017, S. 19; *Christian Schröder*, Ein Symbol der Staatsgewalt, Der Tagesspiegel v. 27.5.2017, S. 25; auch überregional hat das Thema für Beachtung gesorgt: *Kia Vahland*, Symbol der Unterdrückung, SZ v. 7.6.2017; *Horst Bredekamp/Neil MacGregor/ Hermann Parzinger*, Im Zweifel für das Kreuz, FAZ v. 6.6.217, S. 11; *Hanno Rauterberg*, Dem Gottesgnadentum ein Denkmal setzen, Die Zeit v. 1.6.2017, S. 38; *Richard Schröder*, Natürlich mit Kreuz, Die Welt v. 1.6.2017, S. 2.

[4] *Martin Klesmann*, Lehrerin darf Christensymbol tragen, BZ v. 30.5.2017, S. 11; *Susanne Vieth-Entus*, 2,8 Zentimeter Aufregung, Der Tagesspiegel v. 28.5.2017, S. 9; Keine abschließende Liste verbotener Symbole für Berliner Lehrer, KNA v. 30.5.2017.

gen Großstadtbezirken besser auf das Tragen der jüdischen Kippa zu verzichten[5], eindrucksvoll belegen.[6]

Religiöse Kleidung und Symbolik berührt und begleitet zahlreiche individuelle wie gemeinschaftliche Lebenssachverhalte, Gestaltungs- und Ausdrucksformen und schafft dabei zugleich – gewollt wie ungewollt – mannigfache Konfliktfelder. Bezogen auf den öffentlichen Raum begegnet man religiöser Symbolik nicht nur gleichsam „auf der Straße", sondern mitunter auch am öffentlich-rechtlichen sowie privaten Arbeitsplatz, in der Schule, vor Gericht, in Amtsstuben und (kommunalen) Ratssälen. Gerade für den öffentlich-rechtlichen Bereich ergeben sich besondere Konfliktlagen aus der Doppelfunktion des „öffentlich Bediensteten" – er oder sie ist zugleich Grundrechtsträger *und* Amtsperson, zugleich vielgestaltiges, auch und gerade religiös geprägtes, Individuum *und* Repräsentant eines zu religiös-weltanschaulicher Neutralität verpflichteten Gemeinwesens. Doch die individuelle Freiheit gilt nicht grenzenlos und überwiegt nicht zwangsläufig die Interessen Dritter. Auch der (öffentliche wie private) Arbeitgeber, Kolleginnen und Kollegen, Schülerinnen und Schüler usw. können mitunter gegen das „Ob" und „Wie" einer Konfrontation mit religiöser Symbolik bzw. Kleidung berechtigte Einwände erheben und Rechtspositionen geltend machen.

---

5   Interview mit der Boulevardzeitung „Bild am Sonntag" vom 23. Juli 2017, S. 12: „In einigen Bezirken der Großstädte würde ich empfehlen, sich nicht als Jude zu erkennen zu geben. Die Erfahrung hat gezeigt, dass das offene Tragen einer Kippa oder einer Halskette mit Davidstern verbale oder körperliche Bedrohungen zur Folge haben kann."; s.a.: „Besser nicht mit Kippa zu erkennen geben". Zentralrat warnt vor wachsendem Judenhass, Frankfurter Rundschau v. 24.7.2017, S. 5. Dazu auch *Anetta Kahane*, Kakophonie des Antisemitismus, FR v. 24.7.2017, S. 10.

6   Jüngst stand das christliche Kreuz erneut und gleich doppelt im Zentrum durchaus erregt geführter Kontroversen. Zunächst verursachte das Verhalten eines Amtsrichters aus Miesbach Aufsehen, der in einem gegen einen afghanischen Angeklagten geführten Strafverfahren das Kreuz im Gerichtssaal abhängen ließ. Dazu: Gerichtsverhandlung ohne Kreuz, Münchner Kirchenzeitung v. 28.1.2018, S. 12; *Christoph Renzikowksi*, Das Kreuz mit dem Kreuz, Münchener Merkur v. 22.1.2018, S. 11; Politische Debatte um das Kreuz im Gerichtssaal, Münchener Merkur v. 23.1.2018, S. 11; *Thomas Gautier*, „Ob da ein Kreuz hängt oder nicht, ist mir egal", BILD v. 24.1.2016, S. 6; nunmehr hat auch Österreich „seine" Kreuzdebatte im universitären Kontext, dazu: *Jan-Heiner Tück*, Gegen die weiße Wand, FAZ v. 15.2.2018, S. 9; *Georg Essen*, Ungleiche Zumutungen beim Blick auf die weiße Wand, FAZ v. 19.2.2018, S. 13. Ungleich höheres öffentliches Erregungspotential bescherte die neue öffentliche „Kruzifixdebatte" in Folge eines bayerischen Kabinettsbeschlusses von Mai 2018, nach welchem man geht von 1100 in Betracht kommenden Dienststellen aus – im Eingangsbereich ein Kreuz angebracht werden soll. Der Beschluss ist mittlerweile in § 28 der Allgemeinen Geschäftsordnung für die Behörden des Freistaates Bayern umgesetzt worden. Die Vorschrift lautet nun: „Im Eingangsbereich eines jeden Dienstgebäudes ist als Ausdruck der geschichtlichen und kulturellen Prägung Bayerns gut sichtbar ein Kreuz anzubringen."

Anliegen – zugleich aber auch inhaltliche Grenze – der nachfolgenden Zusammenstellung ist eine konzise Einführung in den aktuellen Streitstand und die widerstreitenden Interessenlagen und Rechtspositionen, ohne dabei – je nach Konfliktfeld – das Ergebnis unverrückbar vorzuzeichnen. Denn die Vielgestaltigkeit der in Betracht kommenden tatsächlichen und (verfassungs-)rechtlichen Konfliktlagen verhindert regelmäßig eine passgenaue Lösung bzw. mitunter sogar eine Übertragbarkeit der gefundenen Lösungswege von einem Bereich auf den anderen. Eine umfassende wissenschaftliche Durchdringung der Thematik ist – schon um der Lesbarkeit und Handlichkeit willen – nicht bezweckt. Zur Vertiefung allgemeiner oder besonderer Rechtsfragen werden zu den einzelnen Punkten jeweils umfangreiche Rechtsprechungs- und Literaturnachweise angegeben.

B. Innere Überzeugung und äußere Kundgabe

I. Bedeutung und Vielgestaltigkeit religiös konnotierter Kleidung

Das Tragen und Zurschaustellen bestimmter Kleidungsstücke, Kopfbedeckungen, von Schmuck oder modischer Accessoires ist wesentlicher Ausdruck der eigenen Identität und höchstpersönliche Lebensentscheidung. Die Facetten und Dimensionen des individuellen modischen Gestaltungsreichtums sind vielschichtig und kaum abschließend darstellbar. Mit der Wahl eines bestimmten Kleidungsstücks oder eines bestimmten Schmuckstücks können sich dabei durchaus ideelle, politische, künstlerische und natürlich auch religiöse Motive des Trägers bzw. der Trägerin verbinden. Verlassen diese Motive den Raum des Privaten und werden in die Öffentlichkeit hinaus getragen, treten sie mit anderen, möglicherweise gänzlich konträren Motivationen und Ansichten in Kontakt. Je nach Toleranzfähigkeit und Toleranzbereitschaft des jeweiligen Gegenübers kann sich der Kontakt zum Konflikt verschärfen.

Das Tragen religiös konnotierter Kleidung und Symbolik kann sowohl durch den Glauben, das jeweilige Bekenntnis bzw. die Weltanschauung[7] inspiriert oder sogar vorgegeben und theologisch fundiert sein als auch von persönlichen Wertungen, Interpretationen und individuellen Ausgestaltungswünschen geprägt sein. In der religiös-weltanschaulich pluralen und offenen Gesellschaft westlicher Prägung ist man dabei mit einer Vielzahl religiös konnotierter Kleidungsoptio-

---

7   Dem Anliegen dieser Zusammenstellung ist es geschuldet, den Fokus der Betrachtung auf *religiös* konnotierte Kleidung zu lenken. Die Rechtsausführungen gelten gem. Art. 140 GG i.V.m. Art. 137 Abs. 7 WRV entsprechend für Weltanschauungsgemeinschaften.

nen konfrontiert, von denen nachfolgend die für den bundesdeutschen Raum wichtigsten kurz dargestellt werden sollen.

1. Christliche Kleidung und Symbole

Das Christentum kennt – gleich welche Konfession in Rede steht – grundsätzlich keine verbindlichen Kleidungsvorgaben für seine Angehörigen[8], zumindest, soweit sich diese nicht im Klerikerstand befinden, liturgische Funktionen wahrnehmen oder Angehörige eines geistlichen Instituts / Ordens sind. Für diesen Fall existieren beachtliche kirchenrechtliche Vorschriften.

Das Dienstrecht der evangelischen Geistlichen ist weitgehend einheitlich im Pfarrerdienstgesetz der EKD (PfDG.EKD)[9] geregelt.[10] In den §§ 30 ff. PfDG.EKD werden besondere Anforderungen an das dienstliche und außerdienstliche Verhalten der Ordinierten gestellt. Gem. § 36 wird bei Gottesdiensten und Amtshandlungen die vorgeschriebene Amtskleidung getragen. Bei sonstigen Anlässen darf sie nur getragen werden, wenn dies dem Herkommen entspricht oder besonders angeordnet wird. Orden, Ehrenzeichen und Abzeichen dürfen zur Amtskleidung nicht getragen werden. Durch die Kleidung wird das Amt sichtbar und für den jeweiligen Gegenüber / die Gemeinde deutlich, dass der Pfarrer als Amtsträger für die Kirche handelt, nicht (nur) als Person.[11] Die Teilnahme an Demonstrationen, politischen Veranstaltungen etc. ist daher nur unter Verzicht auf die Dienst- und Amtskleidung zulässig.[12] Die Vorschriften über die Amtskleidung können – je nach evangelischer Gliedkirche – geringfügig variieren.[13] Evangelische Pfarrerinnen und Pfarrer tragen im Gottesdienst zumeist einen schwarzen

---

8   In einem schulrechtlichen Verfahren vor dem BVerwG, NVwZ-RR 1994, 234, hatte sich der Kläger erfolglos auf vermeintliche Bekleidungsvorschriften im 1. Brief des Apostels Paulus an Timotheus, Kapitel 2, Verse 9–11 berufen.

9   Kirchengesetz zur Regelung der Dienstverhältnisse der Pfarrerinnen und Pfarrer in der Evangelischen Kirche in Deutschland (Pfarrdienstgesetz der EKD – PfDG.EKD) vom 10. November 2010 (ABl. EKD S. 307), zuletzt geändert am 8. November 2016 (ABl. EKD S. 325).

10   Dazu *Heinrich de Wall*, Pfarrer und Kirchenbeamte, in: Hans Ulrich Anke / Heinrich de Wall / Hans Michael Heinig (Hrsg.), Handbuch des evangelischen Kirchenrechts, Tübingen 2016, § 6 Rn. 10.

11   Dazu und zum Folgenden: *de Wall*, Pfarrer und Kirchenbeamte (Anm. 10), § 6 Rn. 50 f.

12   *Hartmut Maurer*, Die Pflichten des Pfarrers aus Ordination und Dienstverhältnis, in: Ders., Abhandlungen zum Kirchenrecht und Staatskirchenrecht, Tübingen 1998, S. 46 (64).

13   Exemplarisch: Ordnung für die liturgische Kleidung in der Evangelischen Kirche in Mitteldeutschland vom 12. Oktober 2009 (ABl. 2009, S. 309); Verordnung über Amtstracht und liturgische Kleidung der Evangelischen Kirche im Rheinland vom 8. Juni 2001 (KABl. S. 205), zuletzt geändert durch Kirchengesetz vom 12. Januar 2013 (KABl. S. 64).

Talar und ein weißes Beffchen, alternativ eine weiße Halskrause.[14] Außerhalb des Gottesdienstes und kirchenamtlicher Handlungen bestehen keine zwingenden Bekleidungsvorschriften.[15]

Katholische Geistliche / Kleriker sind auf Grund der universalkirchlichen Rechtsgrundlage in can. 284 Codex Iuris Canonici (CIC) verpflichtet, gemäß den von der jeweiligen nationalen Bischofskonferenz erlassenen Normen und den rechtmäßigen örtlichen Gewohnheiten eine „geziemende kirchliche Kleidung" zu tragen.[16] Die Partikularnorm Nr. 5 der Deutschen Bischofskonferenz zu can. 284 CIC[17] fordert, dass der Geistliche in der Öffentlichkeit durch seine Kleidung eindeutig als solcher erkennbar sein muss.[18] Von dieser Bestimmung sind die Ständigen Diakone mit Zivilberuf ausgenommen. Als kirchliche Kleidung gelten hiernach der Oratorianerkragen oder römisches Kollar, in begründeten Ausnahmefällen ein dunkler Anzug mit Kreuz. Als klerikales „Grundgewand" gilt heute regelmäßig die schwarze Soutane, d.h. der Talar, mit oder ohne Zingulum; bestimmte farbliche Applikationen weisen auf die besondere kirchenamtliche Stellung hin.[19] Nicht mehr vorgesehen sind die Tonsur oder das Tragen eines Ringes.[20] Für die katholischen Orden von Bedeutung ist can. 669 CIC. Nach dessen

---

14 Vgl. Kirchenamt der Evangelischen Kirche in Deutschland (Hrsg.), Der Gottesdienst. Eine Orientierungshilfe zu Verständnis und Praxis des Gottesdienstes in der evangelischen Kirche, Gütersloh 2009, S. 77.

15 Vgl. *Hans Martin Müller*, Art. Geistliche Kleidung I. Ev., in: LKStKR II, S. 19; *Sonja Lanzerath*, Religiöse Kleidung und öffentlicher Dienst. Zur Zulässigkeit dienstrechtlicher Bekleidungsverbote in Schule, Gerichtsbarkeit und Polizei, Frankfurt a.M. 2003, S. 11 (m.w.N.).

16 Näher dazu: *Wolfgang F. Rothe*, De obligatione deferendi habitum ecclesiasticum. Die kirchlichen Bekleidungsvorschriften für Kleriker nach can. 284 CIC, http://www.kathpedia.com (letzter Zugriff: Juni 2018). Einen historischen Überblick liefern *Antonio Borrás / Ludger Thier*, Ursprung und geschichtliche Entwicklung der Priesterkleidung, in: ThPQ 118 (1970), S. 353 ff.; In diesem Kontext ebenso beachtlich das von der Kleruskongregation herausgegebene „Direktorium für den Dienst und Leben der Priester" (Neuausgabe 2013), Ziff. 61: *„Die geistliche Kleidung ist äußeres Zeichen einer inneren Wirklichkeit: „Denn der Priester gehört nicht mehr sich selbst, sondern ist durch das empfangene sakramentale Siegel (vgl. Katechismus der Katholischen Kirche, Nr. 1563, 1582) ,Eigentum' Gottes. Dieses sein ,einem Anderen zu gehören' muss durch ein klares Zeugnis für alle erkennbar sein. (…)"*, Onlinefundstelle: http://www.vatican.va/roman_curia/congregations/cclergy/documents/rc_con_cclergy_doc_20130211_direttorio-presbiteri_ge.html (letzter Zugriff: August 2017).

17 KABl. Essen 1995, S. 109.

18 Entsprechendes fordert auch die Partikularnorm Nr. 10 der Deutschen Bischofskonferenz zu can. 831 § 2 CIC für das Auftreten von Weltgeistlichen und Ordensleuten in Hörfunk und Fernsehen.

19 Dazu und zu weiteren Facetten: *Ulrich Nersinger*, Kleider machen Leute – oder auch nicht, Vatican magazin v. 8.8.2017, S. 14.

20 Näher *Heinrich J.F. Reinhardt*, in: Klaus Lüdicke (Hrsg.), Münsterischer Kommentar zum Codex Iuris Canonici, Essen 1996 ff., can. 284 Rn. 1.

§ 1 haben die Ordensleute zum Zeichen ihrer Weihe und als Zeugnis der Armut ein nach der Vorschrift des Eigenrechts angefertigtes Ordenskleid (Habit) zu tragen. Gibt es eine derartige Vorschrift nicht, verweist can. 669 § 2 auf die Grundnorm des can. 284 CIC.

Auch die christlich-orthodoxen Kleriker pflegen eine eigene Dienstkleidung zu tragen, die sich vom in Deutschland „üblichen" Erscheinungsbild der katholischen und evangelischen Geistlichen unterscheidet.[21] Unterschieden werden hier liturgische und nicht-liturgische Gewänder. Außerhalb des Gottesdienstes tragen christlich-orthodoxe Kleriker als Ersatz der Alltagskleidung den Talar und das Rhason[22] (Obergewand). Hinzu kommt eine Kappe als Kopfbedeckung. Der Talar christlich-orthodoxer Mönche muss schwarz sein, andere Kleriker können auch dunkelblaue, blaue, graue oder im Sommer auch weiße Talare tragen. Mit Talar und Rhason erinnern christlich-orthodoxe Geistliche an das Gewand des Erlösers; sie mahnen symbolisch den Verzicht auf alle irdische Eitelkeit und das Streben nach seelischer Ruhe an. Weitere Unterschiede zwischen den Klerikern bestehen auch in der Frage, ob ein Brustkreuz getragen werden darf oder nicht. Der Priester trägt ein Brustkreuz, der Bischof eine sog. „Panagija" (ein Brustmedallion). Für Diakone gelten wiederum besondere Bekleidungsvorgaben.

Das Tragen eines klerikalen Gewandes geht über die Einordnung als „Berufskleidung" hinaus – vielmehr wird sie als Ausdruck einer religiösen Überzeugung getragen und wahrgenommen.[23] Diese Intention und Überzeugung anerkennt auch der (weltliche) Gesetzgeber, indem er den Missbrauch kirchlicher Amtskleidungen bzw. Ordenskleider gem. § 132a Abs. 1 i.V.m. Abs. 3 StGB sogar unter Strafe stellt.[24]

Viele christliche Laien tragen das Kreuz aus religiöser Überzeugung oder als modisches Accessoire (Kette, Anstecker usw.) an ihrer gewöhnlichen Kleidung. Sein Symbolgehalt ist zwar durchaus ambivalent und hat auch gewisse Säkularisierungs- und Kommerzialisierungsprozesse erfahren.[25] Als dezidiert religiöses

---

21 Die nachfolgenden Hintergrundinformationen sind der Seite http://orthpedia-de/index. php?title=Kirchliche_Gewänder&oldid=8138 entnommen (letzter Zugriff: März 2018).

22 Sinngemäß aus dem Griechischen: „gebrauchtes, getragenes Gewand".

23 *Maria Pottmeyer*, Religiöse Kleidung in der öffentlichen Schule in Deutschland und England, Tübingen 2011, S. 8; *Johann Bader*, Gleichbehandlung von Nonnenhabit und Kopftuch?, NVwZ 2006, 1333 (1334).

24 Siehe schon Art. 10 des Reichskonkordats: „*Der Gebrauch geistlicher Kleidung oder des Ordensgewandes durch Laien oder durch Geistliche oder Ordenspersonen, denen dieser Gebrauch durch die zu ständige Kirchenbehörde durch endgültige, der Staatsbehörde amtlich bekanntgegebene Anordnung rechtskräftig verboten worden ist, unterliegt staatlicherseits den gleichen Strafen wie der Mißbrauch der militärischen Uniform.*"

25 *Pottmeyer*, Religiöse Kleidung (Anm. 23), S. 8; *Suzanne Mann*, Das Kopftuch der muslimischen Lehramtsanwärterin als Eignungsmangel im Beamtenrecht, Frankfurt a.M. 2004, S. 25 f.

Symbol mit religiöser Intention des Tragenden bzw. der Tragenden hingegen ist sein Gehalt unzweideutig – es steht für die Erlösung der Menschen durch den Tode Christi am Kreuz und seine Auferstehung.[26] Die Kreuzverehrung ist so alt wie das Christentum selbst und das Kreuzzeichen der Christen ist selbst kultischer Akt.[27] Das BVerfG hat in seinem berühmten sog. „Kruzifix[28]-Beschluss" vom 16. Mai 1995 – zumindest in der Senatsmehrheit – ausgeführt, dass das Kreuz das Symbol einer bestimmten religiösen Überzeugung und nicht etwa nur Ausdruck der vom Christentum mitgeprägten abendländischen Kultur sei.[29] Es gehöre nach wie vor zu den spezifischen Glaubenssymbolen des Christentums und sei „geradezu sein Glaubenssymbol schlechthin."[30] Die dissentierenden Richter des BVerfG haben in ihrem Votum demgegenüber vertreten, ein Kreuz im Klassenzimmer führe lediglich die in dieser Schulformen zu vermittelnden überkonfessionellen christlich-abendländischen Werte und ethischen Normen den Lehrern und Schülern sinnbildlich vor Augen.[31]

Anderweitige ikonische Abbildungen (Mutter Gottes, Jesus Christus, Heilige Familie etc.) auf T-Shirts oder Handtaschen kommen ebenso vor, wenngleich deutlich seltener. Ob damit allerdings eine religiöse Stellungnahme verbunden ist, eine Überzeugung kundgetan oder schlicht einem modischen Trend gefolgt werden soll, ist eine Frage des Einzelfalls.[32]

---

26 Dazu etwa: *Eva-Maria Faber*, Art. Kreuz III. Systematisch-theologisch, in: LThK³ VI, Sp. 444; instruktiv auch *Martin Heckel*, Das Kreuz im öffentlichen Raum. Zum „Kruzifix-Beschluss" des Bundesverfassungsgerichts, DVBl. 1996, S. 453 (468–471).

27 *Sister Charles Murray*, Art. Kreuz III. Alte Kirche, in: Gerhard Müller u.a. (Hrsg.), Theologische Realenzyklopädie (TRE), Band XIX, Berlin, New York 1990, S. 728.

28 Im Unterschied zum Kreuzsymbol ist das sog. „Kruzifix" durch eine künstlerische Gestaltung des gekreuzigten Christus geprägt. Theologisch gilt dies als die historisch angemessenste und sachlich wichtigste Form des inhaltlich gefüllten Kreuzes, welche sich nicht mit einem auf das Hinrichtungsgerät reduzierten Hinweis auf das Geschehen von Golgotha begnügt, sondern dessen Gestalt anschaulich vor Augen führt, vgl. *Ulrich Köpf*, Art. Kreuz IV. Mittelalter, in: TRE XIX, S. 732 (742).

29 Dazu und zum Folgenden BVerfGE 93, 1 (19).

30 Vgl. *Franz Wolfinger*, Art. Kreuz, in: LThK³ VI, Sp. 441; *Notger Slenczka*, Art. Kreuz/Kreuz Christi V. Dogmatisch, in: RGG⁴ IV, Sp. 1751 f.; *Erika Dinkler-von Schubert*, Art. Kreuz, in: Evangelisches Kirchenlexikon, Band 2, 3. Aufl., Göttingen 1989, Sp. 1462.

31 BVerfGE 93, 1 (28).

32 Ebenso *Pottmeyer*, Religiöse Kleidung (Anm. 23), S. 8 sowie *Mann*, Das Kopftuch der muslimischen Lehramtsanwärterin (Anm. 25), S. 26. S.a. *Ulrich Preis / Stefan Greiner*, Religiöse Symbole und Arbeitsrecht, in: Stefan Muckel (Hrsg.), Kirche und Religion im sozialen Rechtsstaat. Festschrift für Wolfgang Rüfner zum 70. Geburtstag, Berlin 2003, S. 653 (655): „(…) auch das Tragen eines Kreuzes kann im Einzelfall lediglich modischen Zwecken ohne Bekenntnischarakter dienen."

2. Jüdische Kleidung und Symbolik

Anders als Christinnen und Christen sind Angehörige des jüdischen Glaubens oftmals durch bestimmte Kleidungsstücke und / oder Äußerlichkeiten unmittelbar als solche erkennbar. Zu nennen sind etwa die traditionelle jüdische Kopfbedeckung (*Kippa*), der zum Gebet angelegte – als Alltagskleidung heute indes kaum noch übliche – *Tallit* (ein in rechteckiger Form einem biblischen Gebot entsprechender weißer Überwurf[33]) sowie – vor allem bei streng orthodoxen Juden – lange Schläfenlocken (*peot*; *pejes*) und lang gewachsene Bärte, oftmals begleitet von schwarzer Kleidung und einem hohen Hut. Manche der jüdischen Kleidungsgebräuche haben sich im Laufe von Jahrhunderten entwickelt, andere beziehen sich ausdrücklich auf biblische Gebote, wieder andere sind Ausdruck lokaler Moden und Bräuche.[34]

Das Tragen der Kippa ist eher traditionelle Verpflichtung denn religiös zwingendes Gebot.[35] Die Tora[36] verpflichtet alleine den Priester, sein Haupt zu bedecken. Die Gläubigen bedecken ihren Kopf insbesondere beim Gebet und während der Segenssprüche, außerdem in Synagogen aus Respekt vor der Tora. Orthodoxe Juden tragen die Kippa als Zeichen der Gottesfurcht – außer beim Schlafen – kontinuierlich, eher progressivere Juden tragen die Kippa nur beim Gebet und beim Tora-Studium.[37] In jedem Fall ist das Tragen der Kippa als Zeichen besonderer Frömmigkeit zu verstehen, wenngleich die Art und Weise, wie man die Kippa trägt, ob plakativ oder lässig, durchaus ein religiöses Statement enthalten kann.[38]

Verheiratete orthodoxe Jüdinnen bedecken ihr Haar nach einem als verbindlich interpretierten Brauch[39] oftmals durch eine Perücke oder ein Tuch als Zeichen ih-

33 Näher dazu etwa: *Elisa Klapheck*, Der Tallit als Symbol für jüdische Frauenemanzipation. Religiöse Dress Codes und der Kampf um innerreligiöse Religionsfreiheit, in: Juliane Kokott / Ute Mager (Hrsg.), Religionsfreiheit und Gleichberechtigung der Geschlechter, Tübingen 2014, S. 121(124 ff.), die im Tallit sogar *„das* symbolische, jüdische Bekleidungsstück schlechthin"* (S. 125) erkennt.

34 Instruktiv dazu: *Andreas Nachama / Walter Homolka / Hartmut Bomhoff*, Basiswissen Judentum, Freiburg i.Br. 2015, S. 405 ff.; *Stefan Reis Schweizer*, Göttliche Bärte und verschleierte Bräute, NZZ v. 26.8.2017, S. 6–7.

35 Dazu und zum Folgenden: *Nachama / Homolka / Bomhoff*, Basiswissen Judentum (Anm. 34), S. 412; *Lanzerath*, Religiöse Kleidung und öffentlicher Dienst (Anm. 15), S. 10 (m.w.N.).

36 Zur schriftlichen Tora als oberster Quelle des Jüdischen Rechts s. *Yitzhak Goldfine*, Einführung in das Jüdische Recht. Eine historische und analytische Untersuchung des Jüdischen Rechts und seiner Institutionen, Hamburg 1973, S. 25 ff.

37 *Pottmeyer*, Religiöse Kleidung (Anm. 23), S. 9 (m.w.N.); *Lanzerath*, Religiöse Kleidung und öffentlicher Dienst (Anm. 15), S. 10.

38 *Nachama / Homolka / Bomhoff*, Basiswissen Judentum (Anm. 34), S. 413.

39 *Pottmeyer*, Religiöse Kleidung (Anm. 23), S. 9 (m.w.N.).

rer Sittsamkeit und Tugend. Das Haar der Frau gehört zur Intimsphäre der Ehe.[40] Orthodoxe Juden betrachten das Haar der Frau als erotisch, verführerisch und zur Unzucht verleitend.[41] Heutzutage drückt eine immer größer werdende Zahl orthodoxer Jüdinnen mit dem Verhüllen des Haares nicht alleine den Familienstand aus, sondern das Eigenverständnis als Teil einer Generation, die ein traditionell religiöses Leben pflegt und einer Selbstverpflichtung nachkommt, welche die privaten Bereiche des Ehe- und Familienlebens ebenso erfasst wie das Heranführen der nächsten Generation an jüdische Werte.[42]

Weitere traditionelle jüdische Symbole sind der *Davidstern* als Symbol des Judentums und des Volkes Israel schlechthin sowie die *Menora*, ein siebenarmiger Leuchter, der zudem bei der Staatsgründung Israels sogar in das Landeswappen aufgenommen wurde.[43] Letzterer ist dezidiert auf den alttestamentlich genannten Leuchter der Stiftshütte (Ex 25,31–40) bzw. des Tempels (Sach 4,2) bezogen.[44]

3. Islamische Kleidung und Symbolik

Wesentlich deutlicher als dies in biblischen (christlichen wie jüdischen) Quellen der Fall ist, verhalten sich muslimische Rechts- und Glaubensquellen zur Frage religiös begründeter Bekleidungsvorschriften. Kleidung wird vom Islam als ein Kennzeichen des Menschseins angesehen.[45] Die pauschale Annahme einer Existenz bzw. eines festen „Kanons" genuin islamischer Bekleidungsformen verbietet sich dabei allerdings[46] – vielmehr sind neben den historischen und theologischen Quellen stets auch lokale Traditionen, Bräuche und Überlieferungen zu würdigen. Dabei finden sich im Koran eher allgemeine Aussagen zur Bekleidung von Frauen *und* Männern, die sich beide sittsam kleiden und verhalten sollen.[47]

---

40   *Nachama / Homolka / Bomhoff*, Basiswissen Judentum (Anm. 34), S. 406.
41   Vgl. *Lanzerath*, Religiöse Kleidung und öffentlicher Dienst (Anm. 15), S. 10.
42   *Miriam Goldmann*, Cherchez la femme. Perücke, Burka, Ordenstracht, in: JMB Journal 16/2017, S. 15 (16).
43   *Gabrielle Sed-Rajna*, Art. Menora, in: RGG⁴ V, Sp. 1045.
44   *Ursula Ragacs*, Art. Menora, in: LThK³ VII, Sp. 103; instruktiv: *Arnold M. Goldberg*, Der siebenarmige Leuchter, zur Entstehung eines jüdischen Bekenntnissymbols, in: ZDMG 117 (1978), S. 232 ff.
45   *Peter Heine*, Kleiderordnung, in: *Adel Theodor Khoury / ders. / Janbernd Oebbecke*, Handbuch Recht und Kultur des Islams in der deutschen Gesellschaft. Probleme im Alltag – Hintergründe – Antworten, Gütersloh 2000, S. 184.
46   Davor warnt mit Recht *Thorsten Anger*, Islam in der Schule. Rechtliche Wirkungen der Religionsfreiheit und der Gewissensfreiheit sowie des Staatskirchenrechts im öffentlichen Schulwesen, Berlin 2003, S. 151.
47   *Matthias Rohe*, Der Islam in Deutschland. Eine Bestandsaufnahme, München 2016, S. 194; so stellt etwa der Beratungsrat der Islamischen Glaubensgemeinschaft in Österreich (IGGÖ) in einem Beschluss zur „Stellung der Verhüllung im Islam" v. 16.2.2017 (dort

Männliche Muslime sind nach Ansicht der Mehrzahl islamischer Schriftgelehr-
ter dazu gehalten, ihren Körper von der Hüfte bis zu den Knien zu bedecken – mit
praktischen Konsequenzen etwa für öffentliche Bademöglichkeiten.[48] Rekurriert
wird hier u.a. auf Sure 24, Vers 30. Je nach muslimischer Glaubensrichtung bzw.
Lesart des Korans sind bei Männern Bärte und spezifische Kopfbedeckungen üblich. Ausschließlich für Männer gilt überdies das Verbot, Kleider aus Seiden- oder
Brokatstoffen zu tragen.[49] Die „männlichen" Bekleidungsvorschriften sind *in der
Regel* (als Ausnahme mag die derzeitige Diskussion um die Angehörigen des Sa-
lafismus angeführt werden[50]) weitaus seltener Gegenstand von Debatten oder gar
Kontroversen, als dies für die spezifisch weiblichen Bekleidungsvorgaben im Is-
lam der Fall ist.

Diese Kontroverse wird deshalb so intensiv geführt, weil die von Teilen der islamischen Rechts- und Schriftgelehrten praktizierte, (ultra-)konservative Koran-
auslegung im Kontext der Bekleidungsvorgaben für Mädchen und Frauen nicht
alleine zu einer bloßen Bedeckung von Kopf oder Körper führt, sondern – ab
einem gewissen Alter – eine mehr oder weniger umfassende *Gesichtsverhüllung*
fordert. Eine solche tritt vielfach in ein Spannungsverhältnis zu den Kleidungs-
gewohnheiten westlich-säkularer Gesellschaften, sowohl hinsichtlich des äußeren
Erscheinungsbildes als auch mit Blick auf die theologisch-religiöse Begründung.

Im Wesentlichen sind im Islam vier Verhüllungsformen zu unterscheiden[51]:
1. das traditionelle islamische Kopftuch (*Hidschab*), welches das Gesicht frei lässt,
das Haar, die Ohren, den Hals sowie oftmals auch die Schultern völlig bedeckt;
2. der vor allem im Iran übliche *Tschador*, der die Haare und den Körper bis zu
den Fußspitzen bedeckt; 3. der v.a. im saudi-arabischen Bereich verbreitete sog.
Niqab, ein mit Tschador oder anderem Vollgewand kombinierter Schleier, mit
dem das Gesicht bis auf einen schmalen Schlitz zwischen den Augenpartien völlig verdeckt ist; schließlich 4. die sog. *Burka*. Bei letzterer handelt es sich um ein
körperumschließendes Vollgewand bzw. einen Überwurf, der Körper und Gesicht vollständig verhüllt und den beim Niqab üblichen Sehschlitz zusätzlich mit
einen Gitter bzw. Netz verschließt. Die zumeist in Blau – aber zunehmend auch in

---

unter Ziffer 1) fest, dass religiöse Kleidungsgebote für Muslime beider Geschlechter bestehen. Der Beschluss war bis August 2017 unter der nachfolgenden Seite online einsehbar:
http://www.derislam.at/?c=content&p=beitragdet&v=beitraege&cssid=Stellungnahmen&
navid=1180&par=50&bid=53. Derzeit ist er dort nicht mehr zu finden (Stand: Juni 2018).

48   *Heine*, Kleiderordnung (Anm. 45), S. 184 (185).
49   *Heine*, Kleiderordnung (Anm. 45), S. 184 (185).
50   Aus der Vielzahl an wissenschaftlichen Behandlungen dazu siehe nur: *Rudolf Steinberg*,
     Zum rechtlichen Umgang mit dem Salafismus in Deutschland, NVwZ 2016, S. 1745 ff.;
     Ehrhart Körting, Die Glaubensfreiheit nach Art. 4 Abs. 1 GG und der Salafismus, DVBl.
     2014, S. 1028 ff.
51   Siehe auch die bebilderte Darstellung bei *Rohe*, Der Islam in Deutschland (Anm. 47), S. 200 f.,
     ergänzt um den Zweiteiler Al-Amira sowie den Chimar, einen mantelartigen Schleier.

Schwarztönen – getragenen Burkas werden traditionell in bestimmten Regionen Afghanistans getragen.

Zahlreiche muslimische Frauen in Deutschland tragen das islamische Kopftuch dezidiert aus religiösem Pflichtgefühl, andere als Ausdruck eines traditionellen oder sich aus der Bindung an den Islam ergebenden, eher kulturell bedingten, Kleidungsverständnisses. Wieder andere tragen das islamische Kopftuch lediglich als modisches Accessoire. Ob und in welcher Form das Kopftuch getragen wird und welche Motive eine Rolle spielen, welchen persönlichen und kulturellen Hintergrund das Tragen hat, ist aus der Natur der Sache heraus nicht einheitlich zu beantworten.[52] Interessant ist dabei auch, dass in manchen – mitunter stark muslimisch geprägten – Ländern der Welt, etwa im ostasiatischen Raum, islamische Kopfbedeckungen kaum getragen werden.[53]

Ob das muslimische Kopftuch (Hidschab) der Frau *verbindlich* vorgegebenes religiöses Symbol des Islam ist, ist Gegenstand intensiv geführter, nicht zuletzt islamisch-theologischer, Kontroversen.[54] Noch umstrittener ist, ob sich aus den muslimischen Rechts- und Glaubensquellen ein Gebot der Vollverschleierung der Frau ergibt. Die Befürworter einer solchen religiösen Verpflichtung[55] berufen sich auf einzelne Passagen des Korans sowie auf die Haddithen (Sammlung der Aussprüche des Propheten). So formuliert der Koran in Sure 33, Vers 59: „Prophet! Sag deinen Gattinnen und Töchtern und den Frauen der Gläubigen, sie sollen (wenn sie austreten) etwas von ihrem Gewand (über den Kopf) herunterziehen. So ist es am ehesten gewährleistet, daß sie (als ehrbare Frauen) erkannt und daraufhin nicht belästigt werden. Gott aber ist barmherzig und bereit zu vergeben."[56] In Verse Sure 24, Vers 31 heißt es: „Und sag den gläubigen Frauen, sie sollen (statt jemanden anzustarren, lieber) ihre Augen niederschlagen, und sie sollen darauf achten, daß ihre Scham bedeckt ist (w. sie sollen ihre Scham bewahren), den Schmuck, den sie (am Körper) tragen, nicht offen zeigen, soweit er nicht (normalerweise) sichtbar ist, ihren Schal sich über den (vom Halsausschnitt nach vorne heruntergehenden) Schlitz (des Kleides) ziehen und den Schmuck, den sie (am Körper) tragen, niemand (w. nicht) offen zeigen, außer ihrem Mann, ihrem Vater, ihrem Schwiegervater, ihren Söhnen, ihren Stiefsöhnen, ihren Brüdern, den Söhnen ihrer Brüder und ihrer Schwestern, ihren Frauen (…), ihren Sklavinnen (…),

---

52 S. a. *Heinig*, Gerichtliche Auseinandersetzungen um Kreuz und Kopftuch im öffentlichen Raum (Anm. 1), S. 79 (81).

53 *Anger*, Islam in der Schule (Anm. 46), S. 151.

54 Instruktiv: *Rotraud Wielandt*, Die Vorschrift des Kopftuchtragens für die muslimische Frau: Grundlagen und aktueller innerislamischer Diskussionsstand, online abrufbar unter http://www.deutsche-islam-konferenz.de (letzter Zugriff: Juni 2018).

55 So etwa der o.g. Beratungsrat der IGGÖ, Stellung der Verhüllung im Islam (Anm. 47), Ziff. 3.

56 Zitiert nach: Der Koran, Übersetzung von Rudi Paret, 2. Aufl., Stuttgart, Berlin, Köln, Mainz 1980, S. 297.

den männlichen Bediensteten (w. Gefolgsleuten), die keinen (Geschlechts)trieb (mehr) haben, und den Kindern, die noch nichts von weiblichen Geschlechtsteilen wissen. Und sie sollen nicht mit ihren Beinen (aneinander)schlagen und damit auf den Schmuck aufmerksam machen, den sie (durch die Kleidung) verborgen an ihnen tragen (…).“[57]

Die alleine auf dieser Grundlage abgeleiteten Bekleidungsvorschriften für die Frau sind Sinnbild eines überkommenen gesellschaftlichen Rollenverständnisses sowie der damaligen islamischen Vorstellung von „Scham“, welche sich insbesondere, aber nicht nur, auf das Bedecken der weiblichen Reize[58] bezog. Dieses Verständnis wird von nicht gänzlich unbeachtlichen Teilen der muslimischen Gesellschaft und manchen Religionsgelehrten bis heute gepflegt. Die Frau hat ihre Reize zu bedecken, da fremde Männer beim Anblick der Frau Emotionen entwickeln könnten, die möglicherweise zu Streit und Eifersucht führen.[59] Voreheliche sexuelle Beziehungen werden von islamischen Rechtsgelehrten abgelehnt.[60]

Liberalere Theologinnen und Theologen und Islamgelehrte sehen in den Koranvorgaben eher einen „Aufruf zur Sittlichkeit“.[61] Ein theologisch unstrittiges Gebot, wonach sich muslimische Frauen verschleiern *müssen*, enthält der Koran nämlich nicht.[62] Ein einheitliches Verständnis, gar eine einheitliche Befolgungspraxis (inklusive der Frage, wie eine völlige Verweigerung des Tragens einer Kopf- oder Körperbedeckung zu würdigen ist) bestehen – soweit ersichtlich – nicht.[63] Hieraus ergibt sich darüber hinaus die Folgefrage, ob es sich überhaupt um ein dezidiert muslimisches/religiöses Symbol handelt.

Das BVerfG hat in seinem sog. „Kopftuch II“-Beschluss zum Recht von Lehrerinnen, in öffentlichen Schulen ein islamisches Kopftuch zu tragen, deutlich gemacht, dass das Kopftuch „nicht aus sich heraus religiöses“ Symbol sei.[64] Eine vergleichbare Wirkung könne es erst im Zusammenwirken mit anderen Faktoren entfalten, wodurch es sich etwa vom christlichen Kreuz unterscheide. In Abhän-

---

57   Zitiert nach: Der Koran, Übersetzung von Rudi Paret (Anm. 56), S. 246.
58   *Anger*, Islam in der Schule (Anm. 46), S. 152; s.a. *Rohe*, Der Islam in Deutschland (Anm. 47), S. 194; instruktiv und generell zur Stellung der Frau im Islam: *Monika Tworuschka*, Grundwissen Islam. Religion – Politik – Gesellschaft, 4. Aufl., Münster 2002, S. 172 ff.
59   *Heine*, Kleiderordnung (Anm. 45), S. 184 (187).
60   *Tworuschka*, Grundwissen Islam (Anm. 58), S. 179.
61   Formulierung bei *Pottmeyer*, Religiöse Kleidung (Anm. 23), S. 7. Auch *Rohe*, Der Islam in Deutschland (Anm. 47), S. 195, verweist auf zeitgenössische muslimische Islamwissenschaftler, die den koranischen Aussagen lediglich eine „moralische Empfehlung“ beimessen.
62   *Tworuschka*, Grundwissen Islam (Anm. 58), S. 180; *Rohe*, Der Islam in Deutschland (Anm. 47), S. 195; *Wielandt*, Die Vorschrift des Kopftuchtragens für die muslimische Frau (Anm. 54), S. 5.
63   Vgl. *Anger*, Islam in der Schule (Anm. 46), S. 152.
64   Dazu und zum Folgenden: BVerfGE 138, 296 (332); erneut bestätigt in BVerfG-K, NVwZ 2017, 1128 (1131).

gigkeit vom sozialen Kontext könne es als Hinweis auf die muslimische Religionszugehörigkeit der Trägerin gedeutet werden und sei in diesem Sinn ein „religiös konnotiertes Kleidungsstück."

Diese Rechtsprechung, auf die an anderer Stelle noch einzugehen sein wird, ist Gegenstand einer lebhaften öffentlichen und wissenschaftlichen Kontroverse geworden[65], was ihre Maßgeblichkeit für die Deutung des Kopftuchs als „religiös konnotiertem Kleidungsstück" zumindest in zukünftigen juristischen Auseinandersetzungen jedoch nicht schmälert.

Einen Sonderfall stellt auch das Tragen besonderer Badebekleidung für Frauen und Mädchen dar. Dabei ist vorab zu betonen, dass die islamischen Bekleidungsvorschriften für Frauen nach Ansicht mehrerer islamischer Rechtsgelehrter nur im Zeitraum zwischen Menarche und Menopause gelten – das zunehmend auch in Deutschland aufkommende Phänomen, dass junge muslimische Mädchen mit religiöser Badebekleidung ausgestattet werden („Burkini" bzw. „Haschema"), findet keine Grundlage im Koran oder in muslimischen Rechtstexten.[66] Beim sog. Burkini handelt es sich um einen zwei- oder dreiteiligen Ganzkörperbadeanzug aus badeanzügblichen Materialien, d.h. Kunstfaser mit Elastananteil.[67] Eine angenähte Badehaube ersetzt dabei das Kopftuch. Nicht selten versuchen muslimische Eltern in Fällen eines seitens der Schule erteilten koedukativen Schwimmunterrichts (für Mädchen und Jungen) Unterrichtsbefreiungen oder getrennten Unterricht durchzusetzen. Argumentiert wird, dass im Islam zwar sportliche Be-

---

65 So sehen viele Kritiker(innen) im Kopftuch dezidiert kein religiöses, sondern ein politisches Symbol bzw. als Zeichen der gesellschaftlichen Unterdrückung der Frau, so etwa: *Necla Kelek*, Chaos der Kulturen. Die Debatte um Islam und Integration, 2. Aufl., Köln 2012, S. 77 („sichtbares politisches Statement"); *Lale Akgün*, Zwischen Wahrheit und Mythos, HK Spezial 2/2015, S. 14 („Zeichen der Kontrolle über den weiblichen Körper"); *Kathrin Spoerr*, Die Welt v. 30.5.2017, S. 23 („Jedes Kopftuch ist ein kleines Scheitern der Aufklärung."). Auswahl der zahlreichen Anmerkungen zum Kopftuch-II-Beschluss: *Bernhard Stüer / Eva-Maria Stüer*, DVBl. 2015, 570 ff.; *Jürgen Schwabe*, DVBl. 2015, 570 ff.; *Heinrich Amadeus Wolff*, BayVBl. 2015, 489 ff.; *Karl-Heinz Ladeur*, Das islamische Kopftuch in der christlichen Gemeinschaftsschule, JZ 2015, 633 ff.; *Benjamin Rusteberg*, Kopftuchverbote als Mittel zur Abwehr nicht existenter Gefahren, JZ 2015, 637 ff.; *Ute Sacksofsky*, Kopftuch als Gefahr – ein dogmatischer Irrweg, DVBl. 2015, 801 ff.; *Mathias Hong*, Ein Gericht oder zwei Gerichte?, in: Der Staat 54 (2015), 409 ff.; *Claudio Franzius*, Vom Kopftuch I zum Kopftuch II, in: Der Staat 54 (2015), 435 ff.; *Tonio Klein*, Das Kopftuch im Klassenzimmer: konkrete, abstrakte, gefühlte Gefahr?, DÖV 2015, S. 464 ff.

66 *Heine*, Kleiderordnung (Anm. 45), S. 184 (186 f.).

67 Den Namen ließ sich die libanesisch-stämmige Australierin Aheda Zanetti 2006 als Mischung aus Burka und Bikini markenrechtlich schützen, s. *Annemarie Ballschmiter*, Wie nackt ist nackt genug?, FAZ v. 21.8.2016, S. 61 (auch zum Folgenden). Lesenswert auch: *Özkan Ezli,* Baden mit dem Burkini in öffentlichen Bädern. Kulturwissenschaftliche Analyse und Dokumentation der öffentlichen Debatte in Konstanz, Konstanz 2014, online abrufbar unter: https://kops.uni-konstanz.de/handle/123456789/35017 (letzter Zugriff: August 2017).

tätigung jeder Art erlaubt und erwünscht sei, die islamischen Bekleidungsvorschriften jedoch einer gemeinsamen Teilnahme von Mädchen und Jungen am
Schwimmunterricht entgegenstehen. In Deutschland und anderen europäischen
Staaten hat dies bereits zu diversen gerichtlichen Verfahren geführt, die sich – soweit ersichtlich – weit überwiegend *für* eine Teilnahmepflicht der Mädchen auch
am gemeinsamen Schwimmunterricht ausgesprochen haben.[68]

Das Tragen von Burka und Niqab ist die islamisch geprägte Bekleidungsform
mit dem größten (öffentlichen) Konfliktpotential.[69] Obwohl selbst konservative
islamische Schriftgelehrte darauf hinweisen, dass eine Vollverschleierung, wie
sie in stark konservativ geprägten muslimischen Ländern das Gesellschaftsbild
prägt, vom Islam nicht zwingend gefordert wird[70], tritt sie zunehmend auch in
den europäischen Staaten auf. Die tatsächlichen Fallzahlen sind indes – auch
noch in Deutschland – vergleichsweise gering. Nicht selten ohne Angabe der ex-
akten Quelle wird von 300[71] bis 5.000[72] Burka/Niqab-Trägerinnen ausgegangen.
Offizielle Zahlen gibt es – soweit ersichtlich – bisher nicht. Trotz der vergleichsweise überschaubaren (angenommenen!) Zahl der Trägerinnen wird – auch im
internationalen Vergleich – nicht ernsthaft bestritten, dass es sich um ein mögliches und damit geschütztes religiöses Verständnis von Bekleidungsvorschriften
handelt.[73] Selbst wenn das Tragen von Burka/Niqab dem Rollenbild der Frau in

68 Dazu unten Abschnitt C. III. 3. Zur Burkini-Debatte in Frankreich 2016 s. *Steinberg*, Religiöse Symbole im säkularen Staat (Anm. 1), S. 157 (181 ff.); EGMR, Urt. v. 10.1.2017 –
29086/12; BVerwGE 147, 362; BVerfG, JA 2017, 235 (m. Anm. *Muckel*).

69 Aus der unüberschaubaren Fülle an Berichten und Stellungnahmen seien exemplarisch
genannt: *Alexander Haneke / Eckart Lohse*, Provokation Burka, Frankfurter Allgemeine
Woche v. 26.8.2017, S. 16–17; *Rudolf Steinberg*, Vollschleier, FAS v. 18.9.2016, S. 10; *Moritz
Baumstieger*, Stoff für viel Streit, SZ v. 29.8.2016, S. 2; *Birgit Marschall / Gregor Mayntz*,
Reizthema Burka, Rheinische Post v. 13.8.2016, S. A05.

70 *Heine*, Kleiderordnung (Anm. 45), S. 184 (187); jüngst äußerte sich Scheikh *Khaled Om-
ran* von der Azhar-Universität in Kairo, einer der wichtigsten sunnitisch-islamischen Ge-
lehrten, dahingehend, dass die Vollverschleierung muslimischer Frauen eher eine Tradition sei, die keineswegs religiös zu rechtfertigen sei, zitiert nach *Daniel-Dylan Böhmer*,
Lizenz zum Neinsagen, Die Welt v. 8.9.2016, S. 7.

71 *Julia Löffelholz*, 300, zeit online v. 17.9.2016, setzt sich kritisch mit dieser Zahl auseinander,
s. http://www.zeit.de/2016/39/burka-traegerinnen-deutschland–300-muslime (letzter Zugriff: Juni 2018).

72 *Christian Hillgruber*, Bereichsspezifische Verbote der Gesichtsverhüllung als legitime
Einschränkungen der Religionsfreiheit, https://bayrvr.de/2017/05/10/bereichsspezifi-
sche-verbote-der-gesichtsverhuellung-als-legitime-einschraenkungen-der-religionsfrei-
heit/ (letzter Zugriff: Juni 2018).

73 Vgl. etwa *Kokott*, in: Sachs (Hrsg.), GG[7], Art. 4 Rn. 69; *Tristan Barczak*, „Zeig mit dein
Gesicht, zeig mir, wer du wirklich bist", DÖV 2011, 54 (57); *Ernst Gottfried Mahrenholz*,
Darf die Schulverwaltung einer Schülerin das Tragen eines Schleiers in der Schule verbieten?, in: RdJB 1998, S. 287 (292 f.); ähnlich EGMR, NJW 2014, S. 2925; BayVGH, BayVBl.
2014, 533 (534) mit beachtlichen Argumenten hinsichtlich der Darlegungslast der An-

gewissen islamisch-patriarchalischen Gesellschaften entspricht, wird man nicht pauschal behaupten können, dass alle *hierzulande* anzutreffenden Trägerinnen unter seelischem oder körperlichem Zwang ihrer Ehemänner oder ihres sozialen Umfelds stehen.[74]

Das vielleicht prägende stilistische Symbol des Islam *schlechthin* ist der Hilal, die Sichel des zunehmenden Mondes, in Verbindung mit dem fünfzackigen Stern. Das islamische Jahr wird nach dem Mondkalender berechnet, weswegen zahlreiche religiöse Feste und andere bedeutsame Termine vom Erscheinen des neuen Mondes abhängig sind.[75] Auch darüber hinaus ist der Hilal von besonderer kulturstiftender Bedeutung und hat nicht zuletzt deshalb Einzug in die Heraldik zahlreicher islamischer Staaten gefunden. Der Hilal wird recht häufig als Schmuckstück (Ohrring oder Anhänger an einer Kette) getragen, mitunter auch als Aufdruck auf einem T-Shirt. Damit kann der Träger durchaus sowohl religiöse als auch politische Intentionen verbinden – einem religiösen Gebot folgt er damit freilich nicht.

4. Weitere exemplarische Religionsgemeinschaften: Kleidung und Symbolik der Sikh und der Bahai

Der Sikhismus entstand in der indischen Provinz Punjab (Fünfstromland), gleichsam an der „Nahtstelle" zwischen Islam und Hinduismus.[76] Verbunden mit mystischen Elementen aus dem Sufismus und dem Yoga ist der Sikhismus zu einem Glaubenssystem verschmolzen, welcher heute eine eigene Weltreligion darstellt.[77]

---

tragstellerin; s.a. *Hinnerk Wißmann*, Verfassungsrechtliches Gutachten zum Verbot gesichtsbedeckender Verschleierung an öffentlichen Schulen v. 12. April 2017, S. 19 (n.v.); *Wissenschaftlicher Dienst des Bundestages*, Ausarbeitung „Das Tragen der Burka im öffentlichen Raum", WD 3 – 3000 – 046/10, S. 4, 8; a.A. indes *Steinberg*, Religiöse Symbole im säkularen Staat (Anm. 1), S. 157 (181), wonach viel dafür spreche, Burka und Niqab eher als politisches denn als religiöses Symbol zu behandeln. Deutlich dagegen auch *Friedhelm Hufen*, Die Vollverschleierung aus verfassungsrechtlicher Sicht. Dürfen Burka und Niqab in Deutschland verboten werden? Ein Überblick, in: Kirche und Recht 2015, S. 165 (167): „Die Vollverschleierung ist aber eine extreme Absage an die Gleichberechtigung der Frau und widerspricht zutiefst dem Menschen- und Frauenbild des Grundgesetzes."

74 Vgl. auch *Lothar Michael / Daniel Dunz*, Burka im Gericht, DÖV 2017, S. 125 (126).

75 Art. „Halbmond", in: Monika u. Udo Tworuschka (Hrsg.), Islam Lexikon, Düsseldorf 2002, S. 92; zu einem neueren Deutungsansatz der Symbolik: *Sabine Peth*, Halbmond oder Stern? Ein altes osmanisches Feldzeichen und ein neuer Deutungsansatz, in: Militärgeschichtliche Zeitschrift 65 (2006), S. 79–99.

76 *Ulrich Dehn*, Sikhismus, in: Michael Klöcker/ Udo Tworuschka, Handbuch der Religionen, Band 8 (Stand: 4. EL 2000), Kap. X, S. 1.

77 Matthias Pöhlmann / Christine Jahn (Hrsg.), Handbuch Weltanschauungen, Religiöse Gemeinschaften, Freikirchen, 1. Aufl., Gütersloh 2015, Kap. 9.7., S. 958.

Weltweit wird von knapp 23–25 Mio. Anhängern ausgegangen.[78] Die Zahl der in Deutschland lebenden Sikhi wird auf mehrere Tausend geschätzt, wobei die Angaben je nach Quelle zwischen 5.000 und 15.000 Gläubigen schwanken.[79]

Die Sikhi (wörtlich: Schüler, Jünger[80]) verstehen sich als Anhänger des ersten von zehn Gurus Nanak Dev, der von 1469–1539 im Gebiet des heutigen Pakistan und Indien gelebt und gewirkt hat. Ohne sich selbst zu einer konkreten Religion zu bekennen, legte er allmählich eigene Wert- und Glaubenssätze fest, die sukzessive von seinen Nachfolgern fortentwickelt wurden.[81] Die Heilige Schrift des Sihki ist das *Adi Granth* (das „ursprüngliche Buch"). Regeln für das äußere Erscheinungsbild der Gläubigen stellte der zehnte und letzte Guru *Gobind Singh* (1666–1708) auf, der zugleich am 13. April 1699 der Reformbewegung die Form einer Religionsgemeinschaft gab (und zugleich einen theokratischen Militärstaat gründete).[82] Alle Sikhs sollten fortan als solche erkennbar sein, was durch fünf Symbole bzw. Kennzeichen sichergestellt wurde (die sog. 5 „K's"[83]): 1. langes Kopf- und Barthaar, welches lebenslang nicht geschnitten werden darf (Kesh), woraus die Notwendigkeit eines Turbans resultiert (rein faktisch, nicht religiös geboten!); 2. kleiner Haarkamm aus Holz (Kamgha); 3. Armreifen aus Stahl als Zeichen der Brüderlichkeit (Kara); 4. Dolch oder Schwert zur Selbstverteidigung (Kirpan) sowie 5. locker sitzende Kniehose (Kacha). Noch heute tragen insbesondere die orthodoxen Sikhs alle fünf Insignien im privaten wie im öffentlichen Leben. Gerade der Turban dient als religiöses, identitätsprägendes Symbol und zur Abgrenzung gegenüber Hindus oder Muslimen[84] – sein Ablegen in der Öffentlichkeit wird als entwürdigend empfunden.[85] Moderatere Sikhs haben sich in ihrer Alltagskleidung allmählich den jeweiligen Landesgewohnheiten angepasst.[86]

---

78   *Dehn*, Sikhismus, in: Klöcker/Tworuschka (Anm. 76), Kap. X, S. 2; Pöhlmann / Jahn (Hrsg.), Handbuch Weltanschauungen (Anm. 77), Kap. 9.7., S. 960.

79   Pöhlmann / Jahn (Hrsg.), Handbuch Weltanschauungen (Anm. 77), Kap. 9.7., S. 960.

80   Vgl. Artikel „Sikhs", in: Kurt Goldammer (Hrsg.), Wörterbuch der Religionen, 4. Aufl., Stuttgart 1985, S. 565.

81   Im Einzelnen dazu: Pöhlmann / Jahn (Hrsg.), Handbuch Weltanschauungen (Anm. 77), Kap. 9.7., S. 958 f.

82   *Dehn*, Sikhismus, in: Klöcker/Tworuschka (Anm. 76), Kap. X, S. 1; *Lanzerath*, Religiöse Kleidung und öffentlicher Dienst (Anm. 15), S. 13.

83   *G.D. Sontheimer*, Art. Sikhs, in: Hans Waldenfels (Hrsg.), Lexikon der Religionen, Freiburg i.Br., Basel, Wien 1987, S. 612 (613); *Pottmeyer*, Religiöse Kleidung (Anm. 23), S. 10; dazu und zum Folgenden: *Dehn*, Sikhismus, in: Klöcker/Tworuschka (Anm. 76), Kap. X, S. 2 (dort auch Näheres zur Lehre und zum religiösen Lebensvollzug).

84   *Pottmeyer*, Religiöse Kleidung (Anm. 23), S. 10; *Lanzerath*, Religiöse Kleidung und öffentlicher Dienst (Anm. 15), S. 14; vgl. auch ArbG Hamburg, KirchE 34, 1 (4); VG Freiburg, Urt. v. 29.10.2015, 6 K 2929/14, Rn. 31, juris.

85   *Lanzerath*, Religiöse Kleidung und öffentlicher Dienst (Anm. 15), S. 14.

86   *Lanzerath*, Religiöse Kleidung und öffentlicher Dienst (Anm. 15), S. 13.

Zuletzt sei kurz auf die Religionsgemeinschaft der Bahai hingewiesen, einer aus dem schiitischen Islam hervorgegangenen Glaubensrichtung. Sie entstand im 19. Jahrhundert und verknüpft islamische Glaubensinhalte mit weiteren Einflüssen und versteht sich selbst als eigenständige, von Gott gestiftete (Laien)religion ohne Klerikerstand.[87] Prägende religiöse Gestalten sind Baha'ullah (1817–1892), sein Sohn Abdul Baha (1844–1921) sowie dessen Enkel Shogi Effendi (1897–1957).[88] Weltweit verfügen die Bahai über 5–6 Mio. Anhänger, in Deutschland wird von ca. 6000 Mitgliedern ausgegangen.[89] Sie ist streng hierarchisch gegliedert und wird durch ein aus neun gewählten Mitgliedern bestehendes „Universales Haus der Gerechtigkeit" mit Sitz in Haifa (Israel) geleitet.[90] In Ländern mit größeren Ortsgemeinden besteht jeweils ein neunköpfiger „Nationaler Geistiger Rat". In Deutschland steht dieser der in Hessen mittlerweile als Körperschaft des öffentlichen Rechts konstituierten Bahai-Gemeinde vor. Prägende religiöse Symbole der Bahai sind der neunzackige Stern sowie eine besondere Gravur, die sich auf dem Ring Abdul Bahas befand (sog. Ringsymbol).[91] Die Zahl 9 als höchste einstellige Zahl steht für die Bahai für Vollkommenheit und Reinheit. In der Religion der Bahai gibt es demgegenüber weder für den Alltag noch für liturgische Feste und Rituale besondere Kleidungsstücke bzw. Bekleidungsvorschriften.

5. Zwischenfazit

Es existiert eine beträchtliche Vielzahl religiöser Kleidungsvorschriften und Ausgestaltungsformen religiöser Symbolik. Die vorgestellten Symbole sind nur eine grobe Auswahl aus dem Bereich der größten Religionsgemeinschaften in Deutschland. Diese weisen einen beachtlichen Fundus an religiöser Symbolik und Kleidung auf, die das geistliche Personal der jeweiligen Religionsgemeinschaft mitunter anders und prägnanter treffen als die einzelnen Gläubigen. Auch ist der subjektive und objektive Verpflichtungsgrad einer religiösen Vorschrift nicht selten hochumstritten – manche Kleidungsstücke, Symbole, Embleme sind

---

87 Weiterführend zu den Bahai aus theologischer und rechtlicher Perspektive: *Tajan Tober*, Ein neues ius divinum? Zur Theologie des Rechts der Bahá'i, Frankfurt a.M. 2008; *Emanuel Vahid Towfigh*, Die rechtliche Verfassung von Religionsgemeinschaften. Eine Untersuchung am Beispiel der Bahai, Tübingen 2006.
88 Pöhlmann / Jahn (Hrsg.), Handbuch Weltanschauungen (Anm. 77), Kap. 8.3. Bahai, S. 821.
89 Pöhlmann / Jahn (Hrsg.), Handbuch Weltanschauungen (Anm. 77), Kap. 8.3. Bahai, S. 821; siehe auch: http://www.bahai.de/gemeinsames-handeln/die-bahai-gemeinde-in-deutschland/?nabe=6320267020468224:0 (letzter Zugriff: Juni 2018).
90 Dazu und zum Folgenden BVerfGE 83, 341 (342 f.).
91 Dazu Pöhlmann / Jahn (Hrsg.), Handbuch Weltanschauungen (Anm. 77), Kap. 8.3. Bahai, S. 821.

theologisch zu begründen und mitunter kirchen- bzw. binnenrechtlich verankert, andere sind eher Resultate längerer Traditionen und kultureller Bräuche.

Die konkrete Zuschreibung eines dezidiert religiösen Attributs an ein bestimmtes Symbol liegt in manchen Fällen näher als in anderen, darf aber in keinem Fall vorschnell getroffen werden. Die maßgebliche Bedeutung eines Symbols / eines Kleidungsstücks festzustellen wird spätestens dann problematisch, wenn es aus sich heraus durchaus mehrere Sinngehalte aufweisen kann.[92] Insbesondere für die derzeit besonders kontrovers diskutierten Symbole (Kopftuch, Burka, aber auch das Kreuz) kommt es für die weitere rechtliche Behandlung ganz wesentlich auf die Zuschreibung eines konkreten (visuellen, religiösen, sozio-kulturellen usw.) Bedeutungsgehalts an.[93] Diese geht auch (und gerade) vom Träger bzw. der Trägerin des Symbols / der Kleidung aus, ist aber vor einer grundsätzlichen Plausibilitätskontrolle staatlicher Stellen, insbesondere der Gerichte, nicht prinzipiell geschützt.[94]

II. Der verfassungsrechtliche Schutzmantel des Grundgesetzes und einfachgesetzliche Ausgleichsmodelle

Das Recht auf freie Wahl der Bekleidung, Verwendung (auch religiöser) Symbole und Embleme usw. ist gleich mehrfach verfassungsrechtlich abgesichert, wenngleich die Schutzintensität unterschiedlich stark ausgeprägt ist, je nach dem, auf welches Grundrecht sich der Tragende bzw. die Trägerin beruft. Bestimmte Grundrechte sind durch einfaches Gesetzesrecht einschränkbar (sog. Gesetzes- oder Schrankenvorbehalt[95]), andere Grundrechte können nur durch kollidierende Grundrechte Dritter und anderer mit Verfassungsrang ausgestattete Rechtswerte eingeschränkt werden (sog. vorbehaltlos gewährleistete Grundrechte).[96] Konkurrierende Grundrechtspositionen sind miteinander abzuwägen und zu einem schonenden Ausgleich zu bringen nach den Grundsätzen der praktischen Konkordanz.[97]

92 Vgl. *Steinberg*, Religiöse Symbole im säkularen Staat (Anm. 1), S. 157 (176).
93 *Steinberg*, Religiöse Symbole im säkularen Staat (Anm. 1), S. 157 (176).
94 Dazu unten Punkt C. III. und IV.
95 Grundlegend dazu: *Georg Hermes*, Grundrechtsbeschränkungen aufgrund von Gesetzesvorbehalten, in: Detlef Merten / Hans-Jürgen Papier (Hrsg.), Handbuch der Grundrechte in Deutschland und Europa, Band III, Heidelberg 2009, § 63, S. 333 ff.
96 Grundlegend: *Hans-Jürgen Papier*, Vorbehaltlos gewährleistete Grundrechte, in: in: Detlef Merten / Ders. (Hrsg.), Handbuch der Grundrechte in Deutschland und Europa (Anm. 95), § 64, S. 365 ff.; s.a. BVerfGE 28, 243 (261) – Dienstpflichtverweigerung; BVerfGE 30, 173 (188) – Mephisto.
97 *Konrad Hesse*, Grundzüge des Verfassungsrechts in der Bundesrepublik Deutschland, 19. Aufl., Heidelberg 1993, Rn. 318.

1. Schutz der Kleiderwahl durch das allgemeine Persönlichkeitsrecht

Gem. Art. 2 Abs. 1 GG hat jeder das Recht auf die freie Entfaltung seiner Persönlichkeit, soweit er nicht die Rechte anderer verletzt und nicht gegen die verfassungsmäßige Ordnung oder das Sittengesetz verstößt. Neben dieser Freiheit, sich im Rahmen der gesetzlichen Schranken so zu bewegen und zu agieren, wie es gerade beliebt, schützt die Norm auch die Integrität der Persönlichkeit selbst (das Sein der Person im Unterschied zum Tun), soweit sich dieser Schutz nicht bereits aus Spezialgrundrechten ergibt.[98] Das BVerfG leitet aus einer Zusammenschau von Art. 2 Abs. 1 i.V.m. Art. 1 Abs. 1 GG ein Recht auf Respektierung der Privatsphäre ab, welches im Anschluss an die zivilrechtliche Rechtsprechung als „allgemeines Persönlichkeitsrecht" bezeichnet wird.[99]

Das BVerfG hat in seiner Rechtsprechung verschiedene Fallgruppen des allgemeinen Persönlichkeitsrechts herausgearbeitet[100], dabei aber auch stets betont, dass dieses Recht nicht schrankenlos bestehe. Für das allgemeine Persönlichkeitsrecht gilt natürlich der Gesetzesvorbehalt des Art. 2 Abs. 1 GG.[101]

Das allgemeine Persönlichkeitsrecht gewährleistet im hiesigen Kontext die freie, selbstbestimmte Wahl des äußeren Erscheinungsbildes, sofern es einen Bezug zur Selbstdarstellung aufweist.[102] Dies gilt auch und gerade für die Wahl der Kleidung und etwaiger Accessoires.[103] Im Bereich der unantastbaren privaten Lebensgestaltung ist diese Entscheidung jeder staatlichen Einflussnahme entzogen.[104] Das allgemeine Persönlichkeitsrecht ist von seiner Struktur indes ein „Auffanggrundrecht", zumindest insoweit, als es für die konstituierenden Elemente der Persönlichkeit Schutz bietet, die keinen spezialgrundrechtlichen Schutz gefunden

---

98 *Murswiek*, in: Sachs (Hrsg.), GG[8], Art. 2 Rn. 59; deutlich zur Subsidiarität auch BVerfGE 54, 148 (153).
99 BVerfGE 27, 1 (6); 35, 202 (220); 54, 148 (153); 80, 367 (373).
100 Exemplarisch: Schutz der Privatsphäre (BVerfGE 54, 148 [154 m.w.N.]); Selbstdarstellung des Individuums in der Öffentlichkeit (Recht am eigenen Bild – BVerfGE 35, 202 [220]; Recht am eigenen Wort – BVerfGE 54, 148 [55]; Recht auf Gegendarstellung – BVerfGE 63, 131 [142 f.]); Recht auf informationelle Selbstbestimmung – BVerfGE 65, 1 [41 ff.]; E 100, 313 [358 f.]); Kenntnis der eigenen Abstammung – BVerfGE 38, 241 [251, 253]; E 79, 256 [268 ff.]; E 90, 263 [270 ff.]) u.v.m.
101 *Friedhelm Hufen*, Staatsrecht II. Grundrechte, 4. Aufl., München 2014, § 11 Rn. 23 m.w.N.
102 S.a. *Wiebke Brose / Stefan Greiner / Ulrich Preis*, Kleidung im Arbeitsverhältnis. Persönlichkeitsrechtliche Schranken arbeitsrechtlicher Regelungen, NZA 2011, 369 (374).
103 *Johann Bader*, Die Kopftuch tragende Schöffin, NJW 2007, 2964; *Michael / Dunz*, Burka im Gericht (Anm. 74), S. 125 (126); *Hufen*, Staatsrecht II (Anm. 101), § 11 Rn. 11; *ders.*, in: Kirche und Recht 2015, S. 165. Ausdrücklich auch bejahend für die äußere Darstellung während der Wahrnehmung dienstlicher Tätigkeiten: *Holger Greve/Paul Kortländer/Michael Schwarz*, Das Gesetz zu bereichsspezifischen Regelungen der Gesichtsverhüllung, NVwZ 2017, S. 992 (997).
104 *Bader*, Die Kopftuch tragende Schöffin (Anm. 103), S. 2964.

haben.[105] Sofern das Tragen bestimmter Kleidungsstücke, Symbole und Embleme von anderen und durch andere Grundrechte geschützten Motiven überlagert ist als von solchen der individuellen Persönlichkeitsentfaltung, genießen diese bei der verfassungsrechtlichen (Eingriffs-)prüfung Vorrang. Deshalb käme ein Schutz über das allgemeine Persönlichkeitsrecht nur in den Fällen in Betracht, in denen religiöse Kleidungsstücke und Accessoires aus bloß modischen Gründen getragen werden.

2. Schutz der Kleiderwahl durch die Religionsfreiheit (Art. 4 Abs. 1 und 2 GG)

Da die individuellen Bekleidungsformen ab dem Moment, in dem man den privaten, höchstpersönlichen Bereich verlässt, sich stets auch in diversen sozialen Bezügen entfalten, kann sich der Einzelne für die Wahl religiös konnotierter Kleidung und Symbolik womöglich auch auf die Religionsfreiheit gem. Art. 4 Abs. 1 und Abs. 2 GG berufen.

Nach ständiger Rechtsprechung des BVerfG enthält Art. 4 Abs. 1 und 2 GG ein einheitliches und v.a. weit zu verstehendes Grundrecht der Religionsfreiheit.[106] Der sachliche Schutzbereich umfasst die Freiheit des Glaubens und das Recht auf die freie Religionsausübung. Das Grundrecht der Religionsfreiheit *„erstreckt sich nicht nur auf die innere Freiheit, zu glauben oder nicht zu glauben, das heißt einen Glauben zu haben, zu verschweigen, sich vom bisherigen Glauben loszusagen und einem anderen Glauben zuzuwenden, sondern auch auf die äußere Freiheit, den Glauben zu bekunden und zu verbreiten, für seinen Glauben zu werben und andere von ihrem Glauben abzuwerben (...). Umfasst sind damit nicht allein kultische Handlungen und die Ausübung und Beachtung religiöser Gebräuche, sondern auch die religiöse Erziehung sowie andere Äußerungsformen des religiösen und weltanschaulichen Lebens (...). Dazu gehört auch das Recht der Einzelnen, ihr gesamtes Verhalten an den Lehren ihres Glaubens auszurichten und dieser Überzeugung gemäß zu handeln, also glaubensgeleitet zu leben; dies betrifft nicht nur imperative Glaubenssätze (...)."*[107]

Eine Erscheinungsform eines glaubensgeleiteten Lebens ist auch die religiös motivierte Gestaltung des äußeren Erscheinungsbildes durch Kleidung.[108]

Bei der Auslegung dessen, was im Einzelfall als Ausübung von Religion und Weltanschauung anzusehen ist, darf das Selbstverständnis der jeweiligen Religions- und Weltanschauungsgemeinschaften sowie des einzelnen Grundrechts-

---

105 *Murswiek*, in: Sachs (Hrsg.), GG⁸, Art. 2 Rn. 66.
106 BVerfGE 24, 236 (245 f.); 32, 98 (106); 44, 37 (49); 83, 341 (354); 108, 282 (297); 125, 39 (79); 137, 273 (309); 138, 296 (328 f.).
107 BVerfGE 138, 296 (329).
108 VG Augsburg, Urt. v. 30.6.2016, Az. Au 2 K 15.457, Rz. 47, juris.

trägers nicht außer Betracht bleiben[109]. Es geht auch und gerade um die Frage, ob die zugrunde liegenden religiösen Überzeugungen für die konkrete Lebenssituation ein bestimmtes Verhalten vielleicht nicht zwingend fordern, dieses aber für das beste und adäquate Mittel halten, um der Lebenslage zu begegnen.[110] Eine *letztverbindliche* Definitionskompetenz kommt diesem Selbstverständnis bzw. dem Grundrechtsträger jedoch im staatlichen Bereich, gerade in gerichtlichen Auseinandersetzungen, nicht zu. Vielmehr sind die staatlichen Organe und Institutionen zu einer sog. Plausibilitätskontrolle befugt, in deren Rahmen geprüft und entschieden wird, ob hinreichend und substantiiert dargelegt wurde, dass sich das „Verhalten tatsächlich nach geistigem Gehalt und äußerer Erscheinung in plausibler Weise dem Schutzbereich des Art. 4 GG zuordnen lässt, also tatsächlich eine als religiös anzusehende Motivation hat."[111] Eine theologische Definitionskompetenz, gar die Einordnung in „richtig" oder „falsch" kommt dem Staat dabei nicht zu. Im sog. Chefarzt-Beschluss hat das BVerfG betont, dass bei ggf. im Rahmen einer derartigen Plausibilitätskontrolle auftretenden Zweifeln Rückfragen bei den zuständigen Kirchenbehörden oder, falls diese ergebnislos bleiben, kirchenrechtliche oder theologische Sachverständigengutachten einzuholen sind.[112]

Der BayVGH hat in einer jüngeren Entscheidung nochmals die Anforderungen an die Darlegungslast des Grundrechtsträgers konkretisiert[113]: So reichen bloße verbale Behauptungen nicht aus, um ein bestehendes religiöses Gebot von einer nicht abschließend bindenden Orientierung und Anleitung für eine in religiöser Hinsicht „optimierte Lebensführung" abzugrenzen. Zwar sei insoweit die individuelle Glaubensüberzeugung neben dem Selbstverständnis der jeweiligen Religionsgemeinschaft maßgebend, doch sei eine Beeinträchtigung „eher nachvollziehbar, wenn auf ernst zu nehmende Lehrmeinungen oder Glaubenssätze verwiesen wird." Deshalb sei hierfür ein strenger Maßstab anzulegen.

Kann nach alledem der Grundrechtsträger im Ergebnis plausibel darlegen, dass das Tragen religiös konnotierter Kleidung vom Schutzbereich des Art. 4 GG erfasst ist, so sind die staatlichen Stellen / Gerichte daran gebunden. Als von Art. 4 Abs. 1 und 2 GG geschütztes Verhalten hat die Rechtsprechung demnach u.a. angesehen: das Tragen des muslimischen Kopftuchs[114], grds. auch der Bur-

---

109 BVerfGE 138, 296 (329); E 108, 282 (298 f.); E 24, 236.
110 BVerfGE 32, 98 (106 f.).
111 BVerfGE 138, 296 (329); E 83, 341 (353).
112 BVerfGE 137, 273 (315 f.).
113 Dazu und zum Folgenden: BayVGH, BayVBl. 2014, 533 (534).
114 BVerfG-K, NVwZ 2017, 1128 (1130); BVerfGE 138, 296 (330); E 108, 282 (298); BVerfG-K, NVwZ 2017, 549 (Kopftuch einer Erzieherin in kommunaler Kindertagesstätte); BAG, NJW 2003, 1685 (1687).

ka / des Niqabs[115], der Baghwan-Kleidung[116], des Turbans der Sikh[117] sowie der jüdischen Kippa[118].

Als vorbehaltlos gewährleistetes Grundrecht vermag Art. 4 Abs. 1 und 2 GG nur durch verfassungsimmanente Schranken in seiner Wirksamkeit beschränkt zu werden. In jedem Einzelfall sind daher die mit der Religionsfreiheit konfligierenden Güter von Verfassungsrang zu ermitteln, zu gewichten und mit der Religionsfreiheit abzuwägen. Dieses normative Spannungsverhältnis zwischen den Verfassungsgütern unter Berücksichtigung des Toleranzgebots zu lösen, obliegt dem demokratischen Gesetzgeber, der im öffentlichen Willensbildungsprozess einen für alle zumutbaren Kompromiss zu suchen hat. Die grundgesetzlichen Vorschriften sind „zusammen zu sehen, ihre Interpretation und ihr Wirkungsbereich sind aufeinander abzustimmen."[119]

Der Grundsatz der praktischen Konkordanz fordert, dass nicht eine der widerstreitenden Rechtspositionen bevorzugt und maximal behauptet wird, sondern alle einen möglichst schonenden Ausgleich erfahren.[120] Die ggf. schwächere Norm darf nur soweit zurückgedrängt werden, wie dies logisch und systematisch zwingend erscheint; ihr sachlicher Grundwertgehalt muss in jedem Fall respektiert werden.[121] Dies setzt notwendigerweise einen solide begründeten, aber eben auch interpretatorischen Akt des Gesetzgebers sowie des letztlich in zahlreichen Konfliktsituationen angerufenen BVerfG voraus, der nicht immer mit der (vermeintlichen) gesellschaftlichen Mehrheitsmeinung harmoniert – dies aber auch von Rechts wegen nicht muss! Darauf wird im Rahmen der in dieser Zusammenstellung exemplarisch dargestellten Problemfelder zurückzukommen sein.

3. Bisherige gesetzliche Konfliktlösungsoptionen in medial weniger beachteten Konfliktfällen und besondere Probleme der jüngeren Gesetzgebung

Abgesehen von den kontrovers-heiklen und medial derzeit aktiv begleiteten Streitfällen um die Präsenz religiöser Kleidung und Symbolik in Gerichtssälen, an Schulen und anderen öffentlichen Einrichtungen (dazu näher in den nachfol-

---

115 BayVGH, BayVBl. 2014, 533; VG Osnabrück, Beschl. v. 26.8.2016, Az. 1 B 81/16, Rz. 31, juris.
116 BVerwG, NVwZ 1988, 937 f.; OVG Hamburg, NVwZ 1986, 406 (407); BayVGH, NVwZ 1986, 405 f.
117 ArbG Hamburg, KirchE 34, 1; VG Freiburg, Urt. v. 29.10.2015, 6 K 2929/14, Rn. 29, juris.
118 BVerfGE 138, 296 (342); ArbG Berlin, KirchE 59, 250 (254): „(...) unmittelbare Ausübung der Religionsfreiheit selbst."
119 BVerfGE 138, 296 (333); E 108, 282 (302 f.).
120 BVerfGE 93, 1 (21); 52, 223 (247, 251); 41, 29 (50); E 28, 243 (260 f.).
121 BVerfGE 28, 243 (261).

genden Abschnitten), existieren nicht wenige einfachgesetzliche Vorschriften, die das Tragen religiös konnotierter Kleidung in einem bestimmten Lebensbereich bzw. Regelungskontext berühren. Dies geschieht nicht immer ausdrücklich. Jedoch ist in diesen Vorschriften aufgrund der Normstruktur in bestimmten Situationen eine Abwägung der wechselseitigen Grundrechts- bzw. Interessenlagen vorzunehmen, insbesondere hinsichtlich der verfassungsrechtlichen Gewährleistungsgehalte von Art. 2 Abs. 1 i.V.m. Art. 1 Abs. 1 GG sowie Art. 4 Abs. 1 und 2 GG. Beispiele hierfür finden sich etwa in der medial weniger im Fokus stehenden, rechtlich aber nicht weniger heiklen, Vorschriften des Straßenverkehrs- oder des Versammlungsrechts. Auch zivil- und öffentlich-rechtliche Vorschriften hinsichtlich der Wahrnehmung des sog. Hausrechts können in Konflikt mit dem individuellen Wunsch nach Verwendung religiös konnotierter Kleidungsstücke treten. Abschließend sei nur kurz verwiesen auf die in jüngerer Zeit eingeführten, konkret bereichsspezifischen, Verbotsvorschriften für das Tragen bestimmter religiöser Kleidungsstücke.[122]

a. Straßenverkehrsrecht

Vielleicht nicht auf den ersten Blick erkennbar, kann das Tragen religiös konnotierter Kleidung zu Konflikten im Straßenverkehrsrecht führen. Dabei behindert das Tragen dieser Kleidung zwar in der Regel nicht das Führen eines Kraftfahrzeugs. Etwas anderes wird aber wohl dann gelten müssen, sofern es um motorisierte *Zweiräder* geht. So hat etwa ein Mitglied der Religionsgemeinschaft der Sikh grundsätzlich keinen Anspruch darauf, allein aufgrund seiner religiösen Verpflichtung, den Turban zu tragen (s.o.) von der Einhaltung der Schutzhelmtragepflicht gem. § 21a Abs. 2 StVO ausgenommen zu werden.[123] In den vergangenen Jahren sind dennoch mehrere Fälle bekannt geworden, in denen die Kommunen dahingehend eine deutlich unterschiedliche Ausnahmegenehmigungspraxis an den Tag gelegt haben.[124] Zwar hat das VG Freiburg in einer jüngeren Entscheidung anerkannt, dass das Tragen des Turbans dem Schutzbereich von Art. 4 Abs. 1 und 2 GG unterfällt, das Vorliegen eines Eingriffs jedoch verneint. Die Beachtung der Helmpflicht führe nämlich nicht dazu, dass der klagende Sikh den Kern des religiösen Gebots aufgeben müsste, welches *„zuallererst und im Wesentlichen darin besteht, die Haare nicht zu schneiden und den Kopf (deshalb) bedeckt zu halten. Die Helmpflicht zwingt nämlich gerade nicht zur Entblößung des Hauptes*

---

122 Vgl. etwa BT-Drs. 18/11180 – Entwurf eines Gesetzes zu bereichsspezifischen Regelungen der Gesichtsverhüllung.

123 Dazu und zum Folgenden: VG Freiburg, Urt. v. 29.10.2015, 6 K 2929/14, juris (= JA 2016, S. 313 ff.).

124 Vgl. *Dietmar Hipp*, Der Löwe auf dem Kraftrad, in: Der Spiegel v. 2.9.2017, S. 42.

in der Öffentlichkeit. (...)".[125] Darüber hinaus sei ein – allenfalls faktischer – Eingriff in die Religionsfreiheit nach Ansicht des Gerichts aber gerechtfertigt, da sich verfassungsrechtliche Schranken (*unabhängig* von Erwägungen des gesundheitlichen Eigenschutzes des Motorradfahrers) aus Art. 74 Abs. 1 Ziff. 12 GG (Sozialversicherung) sowie Art. 20 Abs. 1 GG (Sozialstaatsprinzip) ergäben. Unter beide Verfassungsgüter lasse sich der mit der Helmpflicht über die Eigensicherung hinaus verfolgte Schutzzweck einordnen und sei damit fähig, die Religionsfreiheit einzuschränken.[126]

Im Ergebnis ähnlich (d.h. Einwände gegen die Teilnahme am Straßenverkehr), vom Sachverhalt und der rechtlichen Begründung jedoch etwas abweichend, dürfte sich der Fall der Autofahrerin gestalten, die einen Niqab / eine Burka während der Autofahrt anlegen möchte. Zwar gibt es kein *ausdrücklich gesetzlich* normiertes „Burkaverbot am Steuer", doch spricht vieles dafür, bereits nach der geltenden Rechtslage von einer Einschränkung der religiösen Bekleidungsfreiheit am Steuer auszugehen. Denn gem. § 2 Abs. 5 Ziff. 4 StVG ist derjenige zum Führen von Kraftfahrzeugen befähigt, der die zum sicheren Führen eines Kraftfahrzeugs erforderlichen technischen Kenntnisse besitzt und zu ihrer praktischen Anwendung in der Lage ist. Nach § 1 Abs. 2 StVO haben sich die Verkehrsteilnehmer so zu verhalten, dass kein anderer Verkehrsteilnehmer geschädigt, gefährdet oder mehr, als nach den Umständen unvermeidbar, behindert oder belästigt wird. § 9 Abs. 1 S. 4 StVO bestimmt, dass der Fahrzeugführende vor dem Einordnen und nochmals vor dem Abbiegen auf den nachfolgenden Verkehr zu achten hat und ordnet damit de facto eine doppelte Rückschaupflicht an – die Nichtausführung des (hier freilich nicht expressis verbis genannten) sog. „Schulterblicks" kann mitunter erhebliche haftungsrechtliche Folgen haben. § 23 Abs. 1 S. 1 StVO hält überdies fest, dass der Fahrzeugführer, dafür verantwortlich ist, „dass seine Sicht und das Gehör nicht durch die Besetzung, Tiere, die Ladung, Geräte oder den Zustand des Fahrzeugs beeinträchtigt werden."

---

125 VG Freiburg, Urt. v. 29.10.2015, 6 K 2929/14, Rn. 33, juris (= JA 2016, S. 313 ff.).

126 VG Freiburg, Urt. v. 29.10.2015, 6 K 2929/14, Rn. 38, juris; die gegen diese Entscheidung eingelegte Berufung beim VGH Mannheim, VBlBW 2018, 76 ff., hatte teilweise Erfolg. Der VGH folgte dem Kläger zwar nicht darin, dass die Beklagte wegen der Religionsfreiheit gezwungen sei, ihm die beantragte Ausnahme von der Helmpflicht zu genehmigen, allerdings habe die Beklagte das ihr eingeräumte Ermessen bislang noch nicht fehlerfrei ausgeübt, weshalb sie über dessen Antrag unter Beachtung der Rechtsauffassung des Berufungsgerichts nochmals neu entscheiden muss. Anders als das VG Freiburg erachtet der VGH auch den Schutzbereich der Religionsfreiheit für eröffnet, in den auch eingegriffen worden sei. Eine verfassungsimmanente Schranke der durch die Helmpflicht des § 21a Abs. 2 S. 1 StVO berührten Glaubensfreiheit des Klägers ergebe sich jedenfalls aus dem Schutz der in Art. 2 Abs. 2 S. 1 GG verbürgten physischen und psychischen Integrität Dritter. Dieser könne den Eingriff in Art. 4 Abs. 1 und 2 GG rechtfertigen (VGH Mannheim, VBlBW 2018, 76 [78]). Der VGH Mannheim hat die Revision zum BVerwG wegen grundsätzlicher Bedeutung der Rechtssache zugelassen.

Das Führen eines Kraftfahrzeugs durch eine Burkaträgerin dürfte de iure somit ausgeschlossen sein, da erhebliche Bedenken hinsichtlich der technischen Bedienmöglichkeiten bestehen.[127] Hier ist der einzig verbliebene Sehschlitz des Umhangs vergittert, so dass fahrtechnisch wohl nicht mehr von einem ausreichenden Sichtfeld der Trägerin ausgegangen werden kann. Fraglich ist, ob dies in gleichem Maße für die Niqab-Trägerin zutrifft, da das „Gitter" hier fehlt. Nicht unvertretbar erscheint – indes im Einzelfall genauer nachzuprüfen – die Annahme, dass auch durch den Niqab das Führen eines Kraftfahrzeugs derart erschwert wird, dass die Sicherheit im Straßenverkehr – insbesondere für Dritte! – nicht mehr gewährleistet ist. Die Gefährdung tritt nicht nur ein aufgrund der vorsätzlich herbeigeführten Verengung des eigenen Sichtfeldes, sondern auch aufgrund der wohl nicht gegebenen Möglichkeit, die Umsicht beim Fahren wahrenden Maßnahmen, wie etwa den Schulterblick, zu ergreifen – von der eingeschränkten Bewegungsfreiheit der Arme unter dem Umhang ganz zu schweigen.

Ebenso scheitern dürfte eine Teilnahme von Burka/Niqab-Trägerinnen am Straßenverkehr wohl durch die mit der Vermummung einhergehende Unmöglichkeit einer Identifizierung. Die Rechtsprechung hat diesen Fall aber bisher – soweit ersichtlich – noch nicht entschieden. Abschließend zu beachten sind aber auch gewisse, nicht auszuschließende normative Wertungswidersprüche: Ist eine Burka/ein Niqab am Steuer wirklich rechtswirksam zu verbieten, eine karnevalistische Ganzkörperkostümierung hingegen erlaubt? Wo liegen die Grenzen und sind diese wirklich durch gesetzgeberische Formulierungen wirksam zu ziehen?

Von der Öffentlichkeit weitgehend unbemerkt[128] hat der Bundesrat in seiner Sitzung vom 22. September 2017 diverse Änderungen der Straßenverkehrsordnung beschlossen.[129] Im Kontext der sog. 53. Verordnung zur Änderung straßenverkehrsrechtlicher Vorschriften[130] wurde nunmehr „zur Gewährleistung einer effektiven Verkehrsüberwachung" ein Verbot der Verhüllung und Verdeckung wesentlicher Gesichtsmerkmale am Steuer eines Kraftfahrzeugs verabschiedet, welche die Feststellbarkeit der Identität von vorneherein gewährleistet.[131] Gem. § 23 Abs. 4 S. 1 StVO darf, wer ein Kraftfahrzeug führt, sein Gesicht nicht so verhüllen oder verdecken, dass er nicht mehr erkennbar ist. Dies gilt nicht in Fällen des § 21a Abs. 2 S. 1, d.h. hinsichtlich der vorrangigen Schutzhelmtragepflicht. Weder Burka noch Niqab werden ausdrücklich erwähnt, sind aber dennoch dar-

---

127 Ähnlich *Ingo von Münch*, Burka-Verbot: ja oder nein?, in: Utz Schliesky / Christian Ernst / Sönke E. Schulz (Hrsg.), Die Freiheit des Menschen in Kommune, Staat und Europa. Festschrift für Edzard Schmidt-Jortzig, Heidelberg 2011, S. 47 (57).

128 Vereinzelte Reaktionen etwa hier: http://www.dw.com/de/bundesrat-gesichtsverh%C3%BCllung-am-steuer-verboten/a–40646156 (letzter Zugriff: Juni 2018).

129 BR-Beschlussdrucksache 556/17 v. 22.9.2017.

130 BR-Drs. 556/17 v. 12.7.2017.

131 BR-Drs. 556/17 v. 12.7.2017, S. 2.

unter zu subsumieren – gleiches dürfte fortan aber auch für ein karnevalistisches Outfit oder anderweitige Kostümierungen gelten.[132]

b. Recht der öffentlichen Sicherheit und Ordnung, insbesondere Versammlungsrecht

Ein temporäres, möglicherweise auch etwas länger andauerndes „Lüften des Schleiers" kann in Anwendung der polizei- und ordnungsrechtlichen General- oder Spezialvorschriften möglich sein. So kann die Polizei zum Beispiel nach Maßgabe von § 8 Abs. 1 PolG NRW „die notwendigen Maßnahmen treffen, um eine im einzelnen Falle bestehende, konkrete Gefahr für die öffentliche Sicherheit oder Ordnung (Gefahr) abzuwehren, soweit nicht die §§ 9 bis 46 PolG NRW die Befugnisse der Polizei besonders regeln." Insbesondere die Regelungen zur Identitätsfeststellung im Rahmen der Gefahrenabwehr (§ 12 PolG NRW) oder bezüglich erkennungsdienstlicher Maßnahmen (§ 14 PolG NRW) können in diesem Kontext herangezogen werden. Natürlich knüpfen diese Maßnahmen an das Vorliegen einer „Gefahr" im polizeirechtlichen Sinne an und dürfen nicht willkürlich erfolgen. Denn ein gesetzliches Verbot, in der Öffentlichkeit vollverschleiert bzw. bis zur Unkenntlichkeit maskiert aufzutreten, existiert nicht.[133]

Soweit in der öffentlichen Diskussion insofern von einem öffentlichem „Vermummungsverbot" die Rede ist, leitet diese Bezeichnung zuweilen in die Irre. Denn die (sogar strafbewehrte!) „Vermummung" rekurriert – als terminus technicus – auf das öffentliche *Versammlungsrecht*.[134]

---

132 Unter dem 26.2.2018 hat die 1. Kammer des Ersten Senats des BVerfG, Az. 1 BvQ 6/18, den Antrag auf Erlass einer einstweiligen Anordnung abgelehnt, mit deren Hilfe sich eine den Niqab tragende Fahrschülerin gegen den novellierten § 24 Abs. 4 StVO wenden wollte. Die Antragstellerin rügt eine Verletzung von Art. 4 GG. Aufgrund des dort ausgesprochenen Verhüllungsverbots sei es ihr nicht mehr möglich, die restlichen Fahrstunden zu nehmen und die praktische Fahrprüfung abzulegen. Das BVerfG monierte das Fehlen der essentiellen Begründungsanforderungen nach §§ 23 Abs. 2 S. 2, 92 BVerfGG und verweist auf fachgerichtlichen Rechtsschutz, siehe: http://www.bverfg.de/e/qk20180226_1bvq000618. html (letzter Zugriff: Juni 2018).

133 Siehe auch zu den besonderen Hintergrundproblemen aus strafrechtlicher Perspektive: *Tatjana Hörnle*, Das verschleierte Gesicht – Grund für strafrechtliche Verbote?, in: Fachbereich Rechtswissenschaften der Goethe-Universität Frankfurt a.M. (Hrsg.), 100 Jahre Rechtswissenschaft in Frankfurt. Erfahrungen – Herausforderungen – Erwartungen, Frankfurt 2014, S. 703 ff.

134 Zum Vermummungsverbot siehe etwa: *Baha Nurettin Güven*, Zur Reichweite des Vermummungsverbotes, NStZ 2012, 425; *Hartwig Elzermann*, Das Schutzwaffen- und Vermummungsverbot nach § 17 des Gesetzes über Versammlungen und Aufzüge im Freistaat Sachsen (SächsVersG), VR 2016, S. 70 ff.; *Jens Kersten*, Anonymität in der liberalen Demokratie, JuS 2017, S. 193 (198, 199).

Gem. Art. 8 Abs. 1 GG haben alle Deutschen das Recht, sich ohne Anmeldung oder Erlaubnis friedlich und ohne Waffen zu versammeln. Als Versammlung in diesem Sinne gilt eine örtliche Zusammenkunft mehrerer Personen, die der gemeinsame Zweck einer kollektiven Meinungsbildung und Meinungsäußerung für einen kürzeren Zeitraum verbindet.[135] Dieses Recht steht hinsichtlich solcher Versammlungen unter freiem Himmel unter einfachem Gesetzesvorbehalt, siehe Art. 8 Abs. 2 GG. Die wichtigsten beschränkenden Gesetze in diesem Sinne sind die Versammlungsgesetze des Bundes und der Länder. Sie verstehen sich als Ausführungsgesetze zu Art. 8 GG und unterhalten jeweils für sich ein abgeschlossenes Regelwerk für öffentliche Versammlungen.[136] Das Grundrecht auf Versammlungsfreiheit ist „polizeifest" – soweit es um versammlungstypische Gefahren und versammlungsbezogene Eingriffe geht, gehen die versammlungsrechtlichen den allgemeinen polizeirechtlichen Vorschriften abschließend (!) vor, soweit der Regelungsbereich des Versammlungsgesetzes reicht.[137]

Gem. § 1 Abs. 1 Versammlungsgesetz (VersG) hat jedermann das Recht, öffentliche Versammlungen und Aufzüge zu veranstalten und an solchen teilzunehmen. Nach § 3 Abs. 1 VersG ist es verboten, öffentlich oder in einer Versammlung Uniformen, Uniformteile oder gleichartige Kleidungsstücke als Ausdruck einer gemeinsamen politischen Gesinnung zu tragen.[138] Schutzrichtung dieses Uniformierungsverbots ist die bedrohlich und einschüchternd wirkende Manifestation der mit der Uniformierung verbundenen politischen Gesinnung.[139] Als Gesinnungsverbot bedarf die Norm hinsichtlich der Meinungsfreiheit nach Art. 5 Abs. 1 GG indes einer verfassungskonformen Einschränkung dahingehend, dass

---

135 *Dürig-Friedl*, in: *Dies./Christoph Enders*, Versammlungsrecht. Die Versammlungsgesetze des Bundes und der Länder, München 2016, Einl. Rn. 25.

136 *Dürig-Friedl*, in: *Dies./Christoph Enders*, Versammlungsrecht (Anm. 135), Einl. Rn. 64. Die nachfolgenden Ausführungen beschränken sich auf die bundesgesetzliche Regelung.

137 *Dürig-Friedl*, in: *Dies./Christoph Enders*, Versammlungsrecht (Anm. 135), Einl. Rn. 77.

138 Die Vorschrift des § 3 VersG steht seit dem Urteil des BGH vom 11. Januar 2018, Az. 3 StR 427/17, GSZ 2018, 120 ff. (= NJW 2018, S. 1893 ff. m. Anm. *Guido Fickenscher*) wieder im Fokus des öffentlichen Interesses. Der BGH hat auf Revision der Staatsanwaltschaft ein Urteil des LG Wuppertal aufgehoben, welches insgesamt sieben Angeklagte vom Vorwurf freigesprochen hatte, gegen das Uniformverbot verstoßen zu haben. Mit hellen Warnwesten mit der Aufschrift „Scharia-Polizei" sind diese durch die Innenstadt von Wuppertal-Elberfeld spaziert und wollten junge Muslime davon abhalten, gegen islamische Sittengesetze zu verstoßen. Der BGH sah in der mündlichen Verhandlung im September weniger aufgrund der Westen ein Problem als vielmehr in der Aufschrift „Scharia-Polizei". Die Richter am LG Wuppertal sollen nun prüfen, ob das Auftreten der selbsternannten Religionspolizisten aggressiv war und vor allem die eigentliche Zielgruppe – junge Muslime – womöglich eingeschüchtert hat.

139 *Christoph Enders*, in: *Dürig-Friedl/Ders.*, Versammlungsrecht (Anm. 135), § 3 VersG Rn. 1; ähnlich *Güven*, Zur Reichweite des Vermummungsverbotes (Anm. 134), S. 425 (428): „(…) vermummungsbedingte Enthemmung von gewaltbereiten Demonstrationsteilnehmern zu unterbinden.".

nicht die geistige Wirkung von Meinungsäußerungen unterdrückt werden darf, sondern vielmehr auf die durch die Uniformierung demonstrierte potentielle Gewaltbereitschaft abgestellt werden muss, v.a. ob der Eindruck von Aggressivität und Militanz der Äußerung vermittelt wird, mit deren Hilfe Andersdenkende eingeschüchtert und gerade nicht argumentativ überzeugt werden sollen.[140]

Von *dieser* Verbotsvorschrift wäre demnach nicht nur die einheitliche Kostümierung z.B. rechtsradikaler, völkischer Gruppierungen erfasst, sondern unter Umständen auch eine dezidiert islamisch-salafistische Kundgebung, deren Teilnehmer(innen) verschleiert auftreten, soweit dem Aufzug gewisse aggressive und militante Elemente anhaften.

Nach § 17a Abs. 2 Ziff. 1 i.V.m. 27 Abs. 2 Ziff. 2 VersG ist es – unter Androhung einer Freiheitsstrafe von bis zu einem Jahr bzw. einer Geldstrafe – verboten, an öffentlichen Versammlungen unter freiem Himmel, Aufzügen oder sonstigen öffentlichen Veranstaltungen unter freiem Himmel teilzunehmen in einer Aufmachung „die geeignet und den Umständen nach darauf gerichtet ist, die Feststellung der Identität zu verhindern". Es geht um den Schutz der öffentlichen Sicherheit und Ordnung, weil das Auftreten vermummter Demonstranten und der Ausbruch von Gewalttätigkeiten nach der Überzeugung des Gesetzgebers in einem eindeutigen Zusammenhang stehen.[141] Unter das Verbot des § 17 a Abs. 2 Nr. 2 VersG fällt „jedes Mittel, mit dem die Unkenntlichmachung oder das Verbergen der Gesichtszüge erreicht wird. Dies kann durch Bemalen, Aufkleben falscher Bärte, Tragen von Pappnasen und in ähnlicher Weise geschehen. Das Verbergen der Gesichtszüge wird durch Verkleidung oder Maskierung, insbesondere durch Aufsetzen von Gesichtsmasken (…) erreicht".[142]

Die Verbotsoption gilt gem. Abs. 3 ausdrücklich nicht, wenn es sich um Veranstaltungen im Sinne des § 17 handelt, d.h. für Gottesdienste unter freiem Himmel, kirchliche Prozessionen, Bittgänge und Wallfahrten, gewöhnliche Leichenbegängnisse, Züge von Hochzeitsgesellschaften und hergebrachte Volksfeste (Schützenumzüge, Karnevalszüge etc.). Diese Veranstaltungen sind in der Regel aber auch keine Versammlungen i.S.d. Art. 8 GG, unterfallen mithin ohnehin nicht den Regelungen der Versammlungsgesetze.[143] Sie sind also nicht „polizeifest". Gem. § 17a Abs. 3 S. 2 VersG kann die zuständige Behörde schließlich wei-

---

140 So *Christoph Enders*, in: *Dürig-Friedl/Ders.*, Versammlungsrecht (Anm. 135), § 3 VersG Rn. 4 m.w.N.; OVG Bautzen, NVwZ-RR 2002, 435.
141 BT-Drs. 11/4359, S. 14; s.a. KG Berlin, StV 2010, 637–639; in Rspr. und Lit. ist umstritten, ob Zweck der Vorschrift primär die Verhinderung der Identitätsfeststellung durch die Strafverfolgungsbehörden sei, siehe *Güven*, Zur Reichweite des Vermummungsverbotes (Anm. 134), S. 425 (427 f.), mit einer kurzen Rechtsprechungsübersicht.
142 BayVGH, Beschl. v. 3.2.2006, Az. 24 CS 06.314, Rz. 31, juris. Dazu auch: *Kniesel*, in: *Dietel/Gintzel/Ders.*, Versammlungsgesetze, 17. Aufl., Köln 2016, § 17a VersG Rn. 29 ff.
143 *Dürig-Friedl*, in: *Dies./Christoph Enders*, Versammlungsrecht (Anm. 135), § 17 VersG Rn. 1.

tere Ausnahmen von den Verboten der § 17a Abs. 1 und 2 zulassen, wenn eine Gefährdung der öffentlichen Sicherheit oder Ordnung nicht zu besorgen ist. Entscheidend ist i.R.v. § 17a Abs. 2 VersG, dass der jeweilige Versammlungsteilnehmer die Absicht hat, die Identitätsfeststellung durch seine Vermummung zu verhindern.[144] Auf seinen tatsächlichen Erfolg kommt es nicht an.[145] Es ist eine Gesamtwürdigung aller Umstände erforderlich, was Vermummungsanlass ist und ob der Betreffende wirklich die Absicht hat, seine Identität zu verschleiern.[146] Der Gesetzgeber nimmt dies etwa für Konstellationen an, in denen die Teilnehmerinnen und Teilnehmer trotz sommerlicher Temperaturen ihre Gesichter mit Schals oder Wollmasken mit Sehschlitzen verbergen.[147] Es wäre nun allerdings zu voreilig, dies unmittelbar auf islamisch-vollverschleierte Demonstrantinnen zu übertragen und ein strafbares Verhalten anzunehmen.

Dient eine Verkleidung etwa ausdrücklich der Kundgabe einer bestimmten Meinung, bei der die Anonymität der Versammelten ein besonderes Anliegen sein kann (etwa bei AIDS- oder Krebserkrankten[148]), gerade auch unter Verwendung künstlerischer Stilmittel (Strahlenanzüge, Tiermasken[149]), sind die Voraussetzungen von § 17a Abs. 2 VersG rglm. nicht erfüllt.[150] Demonstrieren also (salafistische) Muslime z.B. für die politische und gesellschaftliche Anerkennung eines aus ihrer Religion folgenden Gebotes der Vollverschleierung, dürften die Grundrechte aus Art. 4 und 5 GG einer Verbotsverfügung bzw. der Annahme

---

144 *Kniesel*, in: *Dietel/Gintzel/Ders.*, Versammlungsgesetze (Anm. 142), § 17a VersG Rn. 32.
145 *Dürig-Friedl*, in: *Dies./Christoph Enders*, Versammlungsrecht (Anm. 135), § 17a VersG Rn. 22; *Elzermann*, Das Schutzwaffen- und Vermummungsverbot (Anm. 134), S. 70 (83).
146 S.a. *Güven*, Zur Reichweite des Vermummungsverbotes (Anm. 134), S. 425 (429).
147 BT-Drs. 10/3580, S. 4.
148 *Güven*, Zur Reichweite des Vermummungsverbotes (Anm. 134), S. 425 (427).
149 *Elzermann*, Das Schutzwaffen- und Vermummungsverbot (Anm. 134), S. 70 (83).
150 So hat das VG Regensburg, Beschl. v. 10.2.2012, RO 9 E 12.257, Rz. 14, juris, betont, dass das Tragen von sog. „Guy Fawkes"-Masken im Kontext des Versammlungsthemas „*Kritik gegen das Anti-Produktpiraterie-Handelsabkommen*" durchaus als künstlerisches Kundgebungsmittel einzuordnen ist, „*das gerade die politische Aussage der Versammlung transportieren und einen wesentlichen Kern der Forderungen vermitteln soll. Vorliegend mag zwar nicht auszuschließen sein, dass öffentliche Sicherheitsinteressen beeinträchtigt werden, ein mehr als nur geringer Umfang war im maßgeblichen Zeitpunkt aber nicht erkennbar. Eine hinreichend belastbare, auf Tatsachen gestützte Gefahrenprognose durch die Polizei, die auf eine andere Beurteilung hinführen würde, ist nicht vorgelegt worden. Vielmehr hat die Polizei im Rahmen des Kooperationsgesprächs offenbar zu erkennen gegeben, vorliegend keine sicherheitsrechtlichen Bedenken gegen die Masken zu haben. Auch die Antragsgegnerin selbst hat offenbar anerkannt, dass die in die Versammlung tragenden Bündnis zusammengefassten Organisationen und Gruppierungen vor Ort nicht durch Gewalt oder Ähnliches aufgefallen seien. (…).*"; *Kniesel*, in: *Dietel/Gintzel/Ders.*, Versammlungsgesetze (Anm. 142), § 17a VersG Rn. 33.

einer Strafbarkeit i.S.v. § 27 Abs. 2 Ziff. 2 VersG wohl entgegenstehen.[151] Hier ist es ja gerade die Form der individuellen Kleidung, die unter Rekurs auf die Religionsausübungsfreiheit öffentlich zur Schau gestellt werden soll.[152]

c. Das Hausrecht in öffentlichen oder privaten Einrichtungen

In der Summe überschaubar, aber eben auch keine Einzelfälle mehr, sind Konstellationen, in denen teil- oder vollverschleierte Muslima Zugang zu privaten oder öffentlichen Einrichtungen begehren. Kritisch kann dies insbesondere sein, wenn eine Burka- oder Niqabträgerin Mutter eines eine Kindertageseinrichtung besuchenden Kleinkindes ist und dieses nach Ende der Besuchszeit dort abholen möchte.[153] Schlagzeilen verursachte auch der Hausverweis einer vollverschleierten Frau aus einer Sparkasse in Neuss.[154]

Die Muslima kann sich zwar, wie dargelegt, grundsätzlich auf die verfassungsrechtlichen Gewährleistungen aus Art. 4 Abs. 1 und 2 GG sowie Art. 2 Abs. 1 i.V.m. Art. 1 Abs. 1 GG berufen, doch stehen sowohl die betroffenen Erzieherinnen und Erzieher bzw. die Bankangestellten vor einem rechtlichen wie faktischen Dilemma, wenn sie die Mutter / die Bankkundin nicht eindeutig als solche identifizieren können.

In beiden Konstellationen können sich aus einem (privaten oder öffentlichen) Hausrecht, regelmäßig konkretisiert durch Haus- und Benutzungsordnungen des Einrichtungsträgers / Hauseigentümers, wirksame Zutrittshindernisse ergeben.

Die in § 903 BGB konkretisierten besonderen Befugnisse des Eigentümers (Art. 14 Abs. 1 GG) umfassen eine sog. negative Eigentümerbefugnis. Der Eigentümer kann z.B. entscheiden, wer zu welchen Bedingungen sein Grundstück betreten darf.[155] Ihm steht ein Hausrecht zu,[156] welches zusammen mit den Besitzstörungsrechten (§§ 859 ff. BGB) und dem Beseitigungs- und Unterlassungsanspruch des § 1004 BGB umfassend wirkt. Zusätzlichen strafrechtlichen Schutz genießt das Hausrecht über § 123 StGB. Das Hausrecht ermöglicht seinem In-

---

151 Wie hier: *Elzermann*, Das Schutzwaffen- und Vermummungsverbot (Anm. 134), S. 70 (83); *Joachim Kretschmer*, Ein Blick in das Versammlungsstrafrecht, NStZ 2017, 504 (507).

152 Auch der wissenschaftliche Dienst des Bundestages betont, dass ein Burkaverbot im Rahmen einer Versammlung eine Einzelfallfrage darstellt, vgl. Ausarbeitung „Das Tragen der Burka im öffentlichen Raum", WD 3 – 3000 – 046/10, S. 5 f.

153 Siehe etwa den Fall einer evangelischen Kita aus Essen: https://www.waz.de/staedte/essen/muslima-muss-vor-kita-erzieherinnen-den-schleier-lueften-id10033754.html sowie https://www.waz.de/staedte/essen/vollverschleierte-muslimas-stellen-kindergaerten-vor-neues-problem-id10029667.html (letzter Zugriff: jeweils Juni 2018).

154 https://www.welt.de/politik/deutschland/article151081344/Sparkasse-verweigert-vermummter-Muslimin-den-Zutritt.html (letzter Zugriff: Juni 2018).

155 PWW/*Lemke*, BGB[11], § 903 Rn. 2.

156 Palandt/*Bassenge*, BGB[74], § 903 Rn. 5.

haber die abschließende Entscheidung darüber, wem er den Zutritt zu der jeweiligen Örtlichkeit gestattet und wem er ihn verweigert.[157] Dies gilt gleichermaßen für private wie für öffentliche Gebäude, wenngleich für den öffentlich-rechtlichen Bereich gewisse Beschränkungen des Hausrechts je nach Zweckbestimmung des Gebäudes und nach Maßgabe des allgemeinen Gleichheitssatzes in Betracht kommen.[158]

Soll der Zugang im Rahmen einer öffentlich-rechtlichen Zweckbestimmung reguliert werden, bedarf es wohl einer gesetzlichen Ermächtigungsgrundlage.[159] Die Verhängung eines Hausverbots liegt sodann im pflichtgemäßen Ermessen des Hausrechtsinhabers, wobei der allgemeine Gleichheitssatz des Art. 3 Abs. 1 GG, das Diskriminierungsverbot aus Art. 3 Abs. 3 GG und der Grundsatz der Verhältnismäßigkeit zu beachten sind.[160] Das Tragen einer Burka ließe sich etwa nach Einschätzung des Wissenschaftlichen Dienstes des Bundestages in öffentlichen Gebäuden nur dann verbieten, wenn gerade durch das Tragen die Aufgabenwahrnehmung der öffentlichen Einrichtung konkret beeinträchtigt würde.[161]

Erzieherinnen und Erzieher sind während der Dauer und im weiteren Umfeld der Betreuung der Kleinkinder allen voran für die Wahrung des Kindeswohls verantwortlich. Die Aufnahme von Kleinkindern in Kindertageseinrichtungen in privater oder öffentlicher Trägerschaft führt zu umfangreichen sozial- und kinderschutzrechtlichen Fürsorgepflichten, die mitunter auch individuelle haftungsrechtliche Konsequenzen haben können (zu denken ist ggf. an § 832 Abs. 2 BGB[162]). Der Förderungsauftrag in Kindertageseinrichtungen umfasst gem. § 22 Abs. 3 S. 1 SGB VIII die Erziehung, Bildung und Betreuung des Kindes und bezieht sich auf die „soziale, emotionale, körperliche und geistige Entwicklung des Kindes". Nach § 2 Abs. 1 S. 4 u. 5 KiBiZ NRW ergänzt die Bildungs- und Erziehungsarbeit in den Tageseinrichtungen und in der Kindertagespflege die Förde-

---

157 Vgl. BGHZ 36, 171 (177); 124, 39 (42 f.).
158 BGH, NJW 1961, 308 (= BGHZ 33, 230) (Verfügungsgewalt über Verwaltungsvermögen – Rathaus der Stadt); BGH, NJW 2006, 1054 ff. (Ausübung des Hausrechts eines Flughafenbetreibers zwecks Gewährleistung eines reibungslosen Flugverkehrs).
159 So der wissenschaftliche Dienst des Bundestages, Ausarbeitung „Burka-Verbot in öffentlichen Gebäuden", WD 3 – 3000 – 444/10, S. 20. Soweit keine ausdrückliche Regelung eines Hausverbots existiert, besteht in Rechtsprechung und Literatur Uneinigkeit, ob es einer ausdrücklichen Rechtsgrundlage bedarf, und was als – gegebenenfalls ungeschriebene – Ermächtigungsgrundlage anzusehen ist (vgl. hierzu *Jürgen Müller*, Das öffentlich-rechtliche Hausverbot – Abgrenzung und Voraussetzungen, Verwaltungsrundschau, VR 2010, 152 [153 f.], *Guy Beaucamp*, Das Hausrecht von Behörden als Rechtsposition, JA 2003, 231 [233 f.], jeweils auch mit Hinweisen zu den jeweiligen Gegenargumenten).
160 BGH, NJW 1961, 308 (309); S.a. Wissenschaftlicher Dienst des Bundestages, Ausarbeitung „Burka-Verbot in öffentlichen Gebäuden", WD 3 – 3000 – 444/10, S. 21.
161 Wissenschaftlicher Dienst des Bundestages, Ausarbeitung „Burka-Verbot in öffentlichen Gebäuden", WD 3 – 3000 – 444/10, S. 22.
162 PWW/*Schaub*, BGB[11], § 832 Rn. 5.

rung des Kindes in der Familie und steht damit in der Kontinuität des kindlichen Bildungsprozesses. Sie orientiert sich am Wohl des Kindes. Bereits vor diesem Hintergrund ist es völlig ausgeschlossen, das Kind aus sicherer Verwahrung einer nicht näher identifizierten Person zu übergeben. Dies entspräche nicht dem Kindeswohl. Vor Ausspruch eines konkreten Hausverbots bietet sich vorliegend als milderes Mittel indes die Aufforderung der Einrichtungsleitung an, den Gesichtsschleier zumindest kurzfristig zu lichten, um eine Identifizierung zu ermöglichen. Dies kann kaum als unzumutbarer und nicht zu rechtfertigender Eingriff in die Religionsfreiheit der Muslima wahrgenommen werden.

Kommt die Mutter dieser Aufforderung nicht nach, ist die Einrichtung dazu berechtigt, den Zutritt zu verweigern und auf Abholung durch einen anderen Erziehungsberechtigten zu bestehen. Ein generelles Hausverbot für Burka-Trägerinnen in Kindertageseinrichtungen käme wohl allenfalls dann in Betracht, wenn das äußere Erscheinungsbild einer Mutter bei den Kindern begründete Angst- oder Nervositätszustände verursacht. Dies wäre aber eine Entscheidung des Einzelfalls und kann kaum pauschal unterstellt werden.

Im o.g. Sparkassenfall dürften sich Identifizierungspflichten bereits aus der besonderen Sicherheitssituation in Banken und Kreditinstituten ergeben. Regelmäßig ist es durch Hausordnungen und geschäftliche Regelungen, möglicherweise auch im Rahmen von AGB, untersagt, das Gebäude maskiert und vermummt zu betreten. Wenn das Tragen von Helmen, Kostümen und anderen vermummenden Aufmachungen zulässigerweise für die Dauer des Bankbesuchs untersagt werden kann, gilt für die Burka nichts anderes.[163]

d. Verhüllungsverbote

Im Kontext der sog. „Burka-Debatte", öffentlich weiter angetrieben durch das (nicht zuletzt mit Blick auf Argumentation und Ergebnisfindung) durchaus nicht unproblematische Urteil des EGMR vom 1.7.2014 (SAS ./. Frankreich)[164], beginnen Bund und Länder derzeit, diese allgemeinen Kommunikationsanforderungen auch für ihre Bediensteten in Form von allgemeinen Verhüllungsverboten umzusetzen.[165]

---

163 Für ein Burka-Verbot in Kassenräumen von Banken auch *von Münch*, Burka-Verbot: ja oder nein? (Anm. 127), S. 47 (57); für die Zulässigkeit eines zumindest kurzzeitigen Ablegens der Vollverschleierung beim Abholen der Kinder aus der Kita: *Andrea Edenharter*, Vollverschleierungsverbote im Bildungs- und Erziehungsbereich, DÖV 2018, 351 (355).

164 EGMR, NJW 2014, 2925 ff. Urteilsanalyse bei *Christoph Grabenwarter*, Das Urteil des EGMR zum französischen Verbot der Burka, in: Stephan Hinghofer-Szalkay / Herbert Kalb (Hrsg.), Islam, Recht und Diversität, Wien 2018, S. 523 ff.

165 Die nach der Bundestagswahl im September 2017 erstmals in den Bundestag eingezogene AfD forderte jüngst in einem Antrag vom 21.2.2018 (BT-Drs. 19/829) die Bundesregierung zur Vorlage eines entsprechenden Gesetzentwurfes auf. Der Antrag wurde abgelehnt.

Mit dem Gesetz zu bereichsspezifischen Regelungen der Gesichtsverhüllung[166], in Kraft getreten am 15. Juni 2017[167], hat der Bund den Anfang gemacht und unter besonderer Würdigung der Funktionsfähigkeit der Verwaltung und des Selbstverständnisses des demokratischen Rechtsstaates die Notwendigkeit einer vertrauensvollen Kommunikation der staatlichen Funktionsträger mit den Bürgerinnen und Bürgern herausgestellt.[168] Von staatlichen Funktionsträgern sei zu verlangen, dass sie bei Ausübung ihres Dienstes oder bei Tätigkeiten mit mittelbarem Dienstbezug eine Gesichtsverhüllung unterlassen. Auch müsse überall dort, wo eine Identifizierung notwendig und geboten ist, das Zeigen des Gesichts im Einzelfall auch durchgesetzt werden können.[169] Neben Änderungen im Bundesbeamtengesetz (BBG), Beamtenstatusgesetz (BeamtStG) sowie im Soldatengesetz (SG) sind überdies entsprechende Vorschriften im Bundeswahlgesetz (BWG), der Bundeswahlordnung (BWO) sowie im Personalausweisgesetz (PAuswG) novelliert worden. So erhält z.B. § 61 Abs. 1 BBG einen neuen Satz 4, wonach Beamtinnen und Beamte ihr Gesicht bei Ausübung des Dienstes oder bei einer Tätigkeit mit unmittelbarem Dienstbezug nicht verhüllen dürfen, es sei denn, dienstliche oder gesundheitliche Gründe erfordern dies. Entsprechendes gilt nun auch für Soldatinnen und Soldaten gem. § 17 Abs. 2 S. 2 SG. Aufgrund der dynamischen Verweisung in § 46 DRiG auf das BBG sowie in § 71 DRiG auf das BeamtStG gelten die beamtenrechtlichen Neuregelungen auch für die Richterinnen und Richter im Bundes- und Landesdienst.[170]

Nachgezogen ist der Freistaat Bayern mit dem sog. „Gesetz über Verbote der Gesichtsverhüllung in Bayern[171]" vom 12. Juli 2017.[172] Entsprechend dem o.g. § 61 Abs. 1 S. 4 BBG fordert nunmehr Art. 75 Abs. 1 BayBG, dass Beamtinnen und Beamte bei Ausübung des Dienstes ihr Gesicht nicht verhüllen dürfen, es sei denn, dienstliche Gründe erfordern dies. Gem. Art. 145 i.V.m. Art. 1 BayBG gilt dies entsprechend für Arbeitnehmerinnen und Arbeitnehmer des Freistaates, seiner Gemeinden, Gemeindeverbände und der sonstigen unter der Aufsicht des Staates stehenden Körperschaften, Anstalten und Stiftungen des öffentlichen Rechts. Mit Art. 11 Abs. 2 des neuen Bayerischen Richter- und Staatsanwaltsgeset-

---

S. dazu: *Eckart Lohse*, Anträge dieser Art, FAZ v. 23.2.2018, S. 4 sowie *Helmut Stoltenberg*, Burka-Streit im Bundestag, in: Das Parlament v. 26.2.2018, S. 4

166 BT-Drs. 18/11180; 18/11813; dazu auch: *Greve / Kortländer / Schwarz*, Das Gesetz zu bereichsspezifischen Regelungen der Gesichtsverhüllung (Anm. 103), S. 992 ff.
167 BGBl. I 2017, S. 1570 ff.
168 Vgl. BT-Drs. 18/11180, S. 9.
169 BT-Drs. 18/11180, S. 1.
170 BT-Drs. 18/11180, S. 10; *Greve / Kortländer / Schwarz*, Das Gesetz zu bereichsspezifischen Regelungen der Gesichtsverhüllung (Anm. 103), S. 992 (994).
171 LT-Drs. 17/16131.
172 BayGVBl. 2017, S. 362.

zes (BayRiStAG)[173] wurde für den derzeit besonders umstrittenen Justizbereich[174] festgehalten, dass es Richterinnen und Richtern sowie Staatsanwältinnen und Staatsanwälten in Verhandlungen und bei allen Amtshandlungen mit Außenkontakt untersagt ist, sichtbare religiös oder weltanschaulich geprägte Symbole oder Kleidungsstücke zu tragen, die Zweifel an ihrer Unabhängigkeit, Neutralität oder ausschließlichen Bindung an Recht und Gesetz hervorrufen können.[175] Daraus folgt im Umkehrschluss, dass das Gesetz auf Schöffinnen und Schöffen und weitere Gerichtsbedienstete keine Anwendung findet.

Auch in § 56 Abs. 1 des niedersächsischen Beamtengesetzes hat das Verbot der Gesichtsverhüllung – wortlautidentisch mit der bayerischen Fassung – Einzug gehalten. Regelungstechnisch unterscheidet die Vorschrift insofern von der vorhergenannten, als sie ausdrücklich als *Bekleidungsvorschrift* konzipiert ist und nicht gleichsam als Konkretisierung des Beamtenstatus' fungiert. Diese Konkretisierung hat nun der Bund selbst durch den neuen § 34 S. 4 BeamtStG vorgenommen.[176]

Den einzelnen Neuregelungen gemein ist die gesetzgeberische Bekräftigung, dass die Religionsfreiheit der einzelnen Amtswalter hinter den Belangen des Amtes zurückstehen muss. Mit Blick auf die beamten- und verwaltungsrechtlichen, bereichsspezifischen Verbote finden diese ihre Grundlage in den Staatsstrukturprinzipien und den hergebrachten Grundsätzen des Berufsbeamtentums gem. Art. 33 Abs. 5 GG.[177] Die Funktionsfähigkeit der Verwaltung und die religiös-weltanschauliche Neutralität des Staates werden angeführt, um die Einschränkungen von Art. 4 Abs. 1 und 2 GG zu rechtfertigen.[178] Die Frage nach dem konkreten Regelungsbedürfnis, sprich: von wie vielen vollverschleierten Amtsträgern muss eigentlich ausgegangen werden, sei dennoch gestellt. Der Vorwurf einer reinen

---

173 Bayerischer Landtag, Drs. 17/18836 v. 7.11.2017.

174 Siehe dazu unten Punkt D.

175 Dieser Punkt war dem zuständigen bayerischen Staatsminister der Justiz *Winfried Bausback* besonders wichtig, wie seine Ausführungen zum Gesetzentwurf in der Plenarsitzung des Landtags vom 14.11.2017 verdeutlichen, vgl. Plenarprotokoll Nr. 116 v. 14.11.2017, S. 2: „Es darf für die Menschen nicht der Hauch des Eindrucks entstehen, dass ein Richter oder Staatsanwalt nach etwas anderem als ausschließlich nach Recht und Gesetz in unserem Lande entscheidet." Die CSU-Abgeordnete Petra Guttenberger ergänzt: „Themen wie „Kopftuch aus der Richterbank bei Rechtspflegern und Rechtsreferendarinnen und Rechtsreferendaren" sind für die Bürger wichtig." (ebd. S. 9).

176 *Greve / Kortländer / Schwarz*, Das Gesetz zu bereichsspezifischen Regelungen der Gesichtsverhüllung (Anm. 103), S. 992 (995), üben deutliche Kritik an der niedersächsischen Einordnung als Bekleidungsvorschrift, da es Sinn und Zweck der Gesichtsverhüllungsverbote sei, die Funktionsfähigkeit der Verwaltung sowie die weltanschaulich-religiöse Neutralität des Staates zu gewährleisten. Die Einordnung als Statusvorschrift sei i.E. sachnäher.

177 *Hillgruber*, Bereichsspezifische Verbote der Gesichtsverhüllung (Anm. 72).

178 Vgl. *Greve / Kortländer / Schwarz*, Das Gesetz zu bereichsspezifischen Regelungen der Gesichtsverhüllung (Anm. 103), S. 992 (999).

Symbolpolitik ist *diesbezüglich* sicherlich nicht von der Hand zu weisen.[179] Hinterfragt sei auch, ob der Gesetzgeber mit derartigen Neujustierungen nicht eher ein Gefühl der Verunsicherung beim Bürger erzeugt, da suggeriert wird, es bestehe ein tatsächliches Regelungsbedürfnis.[180]

Anders verhält es sich bei den notwendigen Regelungen im Bereich der Identitätsfeststellung, des Personalausweis- und Dokumentenwesens usw. Hier erscheinen die Regelungen unter dem Aspekt der öffentlichen Sicherheit durchaus angemessen und geboten.

4. Religiös konnotierte Kleidung und religiöse Symbolik als Gegenstand von Konkordaten und Kirchenverträgen?

Eine weitere wesentliche Rechtsquelle des deutschen Religions(verfassungs)rechts bildet das Vertragsstaatskirchenrecht. In einer Vielzahl von Verträgen zwischen dem Staat (Bund und Ländern) und insbesondere den christlichen Kirchen, den jüdischen und neuerdings auch den muslimischen Gemeinschaften, werden zum Teil sehr grundlegende, zum Teil sehr spezielle Fragen und Angelegenheiten des wechselseitigen Verhältnisses normiert. Die vorherrschende Meinung qualifiziert die mit der Katholischen Kirche abgeschlossenen Verträge als (quasi-) völkerrechtliche Verträge (Konkordate) und die mit den evangelischen Landeskirchen und anderen Religionsgemeinschaften – hier ist insbesondere an die jüdischen Gemeinschaften zu denken – als reine Staatsverträge bzw. staatsrechtliche Verträge (mitunter ist hier auch die Bezeichnung „Kirchenvertrag" geläufig).[181] Ein lebhafter rechtswissenschaftlicher Streit begleitet die Frage nach der Rechtsnatur der jüngeren muslimischen Vereinbarungen, bei denen es sich weder um staatsrechtliche noch um (quasi-)völkerrechtliche Verträge handelt.[182]

179 Auf die Frage des Bayerischen Rundfunks an die Innenminister von Bund und Ländern, wie viele Beamtinnen ihren Beruf vollverschleiert ausüben möchten, hieß es, dass kein einziger Fall bekannt sei, vgl. *Adrian Arab*, Verhüllung verboten!, Die Welt v. 30.9.2017, S. 7.

180 Wie realistisch ist das Beispiel etwa der vollverschleierten, Vortragstätigkeiten ausübenden Beamtin? (s. *Greve / Kortländer / Schwarz*, Das Gesetz zu bereichsspezifischen Regelungen der Gesichtsverhüllung (Anm. 103), S. 992 [994]).

181 *Ansgar Hense*, Konkordate und Staatskirchenverträge, in: Hanno Kube / Rudolf Mellinghoff / Gerd Morgenthaler/ Ulrich Palm / Thomas Puhl / Christian Seiler (Hrsg.), Leitgedanken des Rechts. Paul Kirchhof zum 70. Geburtstag, Heidelberg 2013, § 132 Rn. 14; *Peter Unruh*, Religionsverfassungsrecht³, § 10 Rn. 328, 329, 355 ff., der sich i.E. aber für den generalisierenden Terminus des „religionsverfassungsrechtlichen Vertrages" ausspricht; *Bernd Jeand'Heur / Stefan Korioth*, Grundzüge des Staatskirchenrechts, Stuttgart (u.a.) 2000, § 11 Rn. 280; *v. Campenhausen/Unruh*, in: v. Mangoldt/Klein/Starck (Hrsg.), GG⁶ III, Art. 140 GG Rn. 74 ff.; *Ehlers*, in: Sachs (Hrsg.), GG⁸, Art. 140 Rn. 8.

182 Dazu umfassend: Björn Thümler (Hrsg.), Wofür braucht Niedersachsen einen Vertrag mit muslimischen Verbänden?, Vechta 2016.

Berechtigt und verpflichtet aus den Verträgen werden die Vertragsparteien – die jeweilige Religionsgemeinschaft und ihr hoheitliches Gegenüber (inkl. der jeweiligen organisatorischen Untergliederungen). Die Verpflichtungsfunktion der Verträge eröffnet z.B. dem Staat die Möglichkeit, stärker als durch einseitige Gesetzgebung das innerweltliche Wirken der Religionsgemeinschaften auf das Gemeinwohl hin auszurichten[183] – demgegenüber gehen die Religionsgemeinschaften ihrerseits gewisse Informations- und Abstimmungspflichten ein.[184] Die Frage nach der *tatsächlichen* Reichweite der Bindungswirkung des staatlichen *Gesetzgebers* an den Vertragsinhalt (insbesondere die nachträgliche, einseitige Aufkündigung oder Abänderung) sei hier ausgeklammert.[185] Interessanter im hiesigen Kontext ist die Frage, ob und inwieweit der einzelne *Angehörige* der Religionsgemeinschaft durch die Verträge gebunden wird bzw. Rechte aus ihnen ableiten kann. Denn durch den gesetzlichen Transformationsakt[186] (Zustimmungsgesetz des Parlaments) wird ihr Inhalt als einfaches Landesrecht unmittelbarer Gegenstand der normativen Ordnung. Unmittelbar verpflichtet aus den Verträgen werden die einzelnen Angehörigen nicht – sie sind nicht Vertragspartner. Möglicherweise können die Angehörigen aber im Einzelfall ebenfalls Rechte aus diesen ableiten, sofern die Regelungen Allgemeinverbindlichkeit beanspruchen.[187] Exekutive und Judikative sind über das Zustimmungsgesetz an den Vertragsinhalt gebunden.[188] Das Verfassungsrecht geht dem Staatskirchenvertragsrecht dabei aber stets vor (Art. 20 Abs. 3 GG) – Abweichungen sind nur insoweit zulässig, wie sie den Vorgaben des Grundgesetzes nicht widersprechen.[189]

Ein näherer Blick auf das vorliegende Vertragsmaterial verdeutlicht, dass die spezifische religiöse Ausdrucks- und Ausübungsfreiheit durch das Tragen bestimmter Kleidungsstücke in den Konkordaten und Kirchenverträgen – wenn überhaupt – nur sehr zurückhaltend geregelt wurde. Dies liegt zum einen daran,

---

183 *v. Campenhausen/Unruh*, in: v. Mangoldt/Klein/Starck (Hrsg.), GG⁶ III, Art. 140 GG Rn. 67.

184 *Peter Unruh*, Religionsverfassungsrecht³, § 10 Rn. 344.

185 Näher dazu: *v. Campenhausen/Unruh*, in: v. Mangoldt/Klein/Starck (Hrsg.), GG⁶ III, Art. 140 GG Rn. 78 ff.

186 *Ansgar Hense*, Konkordate und Staatskirchenverträge, in: FS Kirchhof (Anm. 181), § 132 Rn. 8.

187 Vgl. *Ehlers*, in: Sachs (Hrsg.), GG⁸, Art. 140 Rn. 8. Das OVG Greifswald, NVwZ 2000, 948 (949), leitete in einem feiertagsschutzrechtlichen Verfahren die Klagebefugnis einzelner Kirchengemeinden aus Art. 7 bzw. 23 der schleswig-holsteinischen Kirchverträge mit dem Heiligen Stuhl sowie den evangelischen Landeskirchen ab.

188 *v. Campenhausen/Unruh*, in: v. Mangoldt/Klein/Starck (Hrsg.), GG⁶ III, Art. 140 GG Rn. 78; *Hans Ulrich Anke*, „Praktizierbar im Alltag, einklagbar im Einzelfall". Die finanziellen Angelegenheiten der Religionsgemeinschaften in den Kirchenverträgen des Freistaates Sachsen, in: Arnd Uhle (Hrsg.), 20 Jahre Staatskirchenverträge in Sachsen, Berlin 2016, S. 109 (120).

189 Vgl. *Ehlers*, in: Sachs (Hrsg.), GG⁸, Art. 140 Rn. 8; *Jeand'Heur/Korioth*, Grundzüge des Staatskirchenrechts (Anm. 181), § 11 Rn. 282.

dass sie natürlich in den regelmäßig in den Verträgen enthaltenen Bekräftigungen der Religionsfreiheit gem. Art. 4 Abs. 1 und 2 GG enthalten sind, zum anderen aber auch daran, dass eine Kirchenvertragsklausel wohl nur in seltenen Fällen der richtige Ort ist, eine möglichst umfassende Bestandserhebung religiöser Kleidung und Symbolik vorzunehmen und daran Rechtsfolgen zu knüpfen. Zudem dürfte den kirchlichen/religionsgemeinschaftlichen Vertragspartnern wohl nicht an einer staatlicherseits „sanktionierten" Einengung ihrer religiösen Ausdrucksformen gelegen sein.

Die signifikanteste kontraktuelle Bestimmung dürfte wohl der oben in Abschnitt B. I. 1. bereits in einer Fußnote erwähnte Artikel 10 des Reichskonkordats vom 20. Juli 1933 sein. Danach unterliegt der Gebrauch geistlicher Kleidung oder des Ordensgewandes durch Laien oder durch Geistliche oder Ordenspersonen, denen dieser Gebrauch durch die zuständige Kirchenbehörde durch endgültige, der Staatsbehörde amtlich bekanntgegebene Anordnung rechtskräftig verboten worden ist, staatlicherseits den gleichen Strafen wie der Missbrauch der militärischen Uniform.

Ebenfalls erwähnenswert ist das Schlussprotokoll zu Art. 16 – 25 des Evangelischen Militärseelsorgevertrages vom 22. Februar 1957[190], wonach die kirchliche Amtstracht der Militärgeistlichen durch den Militärbischof bestimmt wird. Vor Einführung einer Dienstkleidung für die Militärgeistlichen ist die Zustimmung des Militärbischofs einzuholen. Der Militärseelsorgevertrag wird entsprechend auf die katholische Militärseelsorge angewandt. Dort bestimmt Art. 14 Abs. 2 S. 1 der Päpstliche Statuten für den Jurisdiktionsbereich des Katholischen Militärbischofs für die Deutsche Bundeswehr vom 23. November 1989[191], dass die Militärgeistlichen „einen den rechtmäßigen ortsüblichen Gewohnheiten und den Anweisungen des Militärbischofs entsprechende kirchliche Amtstracht" zu tragen haben.

Die übrigen Konkordate, Kirchen- bzw. Staatskirchenverträge belassen es regelmäßig bei einer Bekräftigung der allgemeinen Religionsfreiheit gem. Art. 4 Abs. 1 und 2 GG. Nur in seltenen Fällen wird diese etwas weiter konturiert, etwa wenn gem. Art. 9 EvKiV BaWü den Schülerinnen und Schülern *ausreichend Gelegenheit* zur Ausübung ihrer Glaubensfreiheit, insbesondere durch den Besuch des Konfirmandenunterrichts sowie von Schul- und Schülergottesdiensten, zu geben ist oder auch im Sinne von Art. 2 Abs. 1 S. 2 (a.E.) des Bayerischen Konkordats, wonach den Orden garantiert wird, nach Maßgabe ihrer kirchlich genehmigten Regeln zu leben. Sehr deutlich hebt Art. 1 Abs. 3 ThürKathKV den Status von Kirchenbediensteten hervor, wenn betont wird, dass „in der Erfüllung ihrer Amtspflichten (…) Kleriker, Ordensleute und sonstige zu einem Amt oder geistlichen Dienst berufene Mitglieder der Kirche den Schutz des Staates [genießen]." Über-

---

190 ABl. EKD 1957 Nr. 162.
191 AAS 81 (1989), S. 1284 – 1294; VOBl. KMBA 1990, S. 1.

dies bemerkenswert ist auch die „Selbstverständlichkeit" des Fehlens allgemeiner Regelungen zu Fragen religiöser Symbolik und Kleidung in den Verträgen, welche die Gegenstände der sog. *res mixtae* näher ausgestalten. Sei es im Rahmen der für die Realisierung des Religionsunterrichts gem. Art. 7 Abs. 3 GG notwendigen sog. Gestellungsverträge, sei es bei den zahlreichen Verträgen zur Ausgestaltung der Gefängnis- oder Krankenhausseelsorge: das Tragen religiöser Kleidung und Symbolik wird in *diesen* hoheitlichen Kernsphären nicht als regelungsbedürftiger Gegenstand angesehen.

Die mit den Jüdischen Gemeinden bzw. Religionsgemeinschaften abgeschlossenen Staats-und Staatskirchenverträge behandeln die Fragen religiöser Kleidung und/oder Symbolik nicht ausdrücklich. Die Mehrzahl der Verträge bekräftigt – zumeist unmittelbar in Artikel 1 der jeweiligen Übereinkunft – die Religionsfreiheit gem. Art. 4 Abs. 1 und 2 GG. Regelmäßig betont wird zudem die besondere gemeinsame Aufgabe der Erhaltung des deutsch-jüdischen Kulturerbes. Nur ganz vereinzelt, etwa in Art. 7 Abs. 2 des Vertrages des Landes Baden-Württemberg mit den Israelitischen Religionsgemeinschaften Badens und Württembergs vom 18. Januar 2010[192], finden sich Formulierungen, wonach – hier im Kontext Rundfunk – die sittlichen und religiösen Überzeugungen der jüdischen Bevölkerung geachtet werden sollen.

Auch die wenigen mit muslimischen Gemeinschaften abgeschlossenen Verträge bzw. Verwaltungsvereinbarungen[193] verhalten sich nicht ausdrücklich bzw. eher verhalten zu diesem Phänomen.

So spricht etwa die Präambel des Vertrages zwischen der Freien Hansestadt Bremen und der Schura – Islamische Religionsgemeinschaft Bremen e.V., dem DITIB – Landesverband der Islamischen Religionsgemeinschaften Niedersachsen und Bremen e.V. und dem VIKZ – Verband der Islamischen Kulturzentren e.V. vom 15. Januar 2013[194] eher vage vom Vertragsziel, „*Bedingungen zu schaffen, die es Muslimen in Bremen und Bremerhaven erleichtern, ihre Identität zum Ausdruck zu bringen, zu bewahren und zu entwickeln*". Der etwas später abgeschlossene Vertrag zwischen der Freien Hansestadt Bremen und der Alevitischen Gemeinde Deutschland e.V. vom 14. Oktober 2014[195] formuliert in Ziff. 5 der Präambel eine gleichlautende Klausel. Jeweils in Art. 2 Abs. 2 S. 2 der genannten Verträge sind Gleichbehandlungsklauseln enthalten, wonach sich die Vertragspartner für die „*Verwirklichung der gleichberechtigten Teilhabe von Frauen und Männern ungeachtet ihrer religiösen Überzeugungen an Bildung, Erwerbstätigkeit*

---

192 GBl. BW 2010, Nr. 5, S. 301.
193 Umfassend: *Ansgar Hense*, Staatliche Verträge mit muslimischen Akteuren – ein längerer, religionsverfassungsrechtlicher Zwischenruf zur Lage, in: Thümler (Hrsg.), Wofür braucht Niedersachsen einen Vertrag mit muslimischen Verbänden? (Anm. 182), S. 187 ff.
194 Bremische Bürgerschaft, 18. Wahlperiode, Drucksache 18/693, S. 34 ff.
195 Bremische Bürgerschaft, 18. Wahlperiode, Drucksache 18/1582, S. 1 ff.

und gesellschaftlichem Leben" einsetzen und sich entschieden gegen jede Art von Diskriminierung wenden.

Der Vertrag zwischen der Freien und Hansestadt Hamburg, dem DITIB-Landesverband Hamburg, SCHURA – Rat der Islamischen Gemeinschaften in Hamburg und dem Verband der Islamischen Kulturzentren vom 13. November 2012[196] enthält möglicherweise zumindest einen kleinen Anhaltspunkt für ein wohlwollendes staatliches Verständnis bzgl. religiös konnotierter Bekleidung. So formuliert die Protokollerklärung zur (ebenfalls) in Art. 2 Abs. 2 enthaltenen Gleichberechtigungsklausel: *„Die Vertragsparteien teilen die Überzeugung, dass Frauen und Mädchen die Teilhaberechte weder aus religiösen Gründen von Dritten bestritten noch wegen eines ihrer eigenen religiösen Überzeugung entsprechenden Verhaltens vorenthalten werden dürfen. Dies schließt das Recht muslimischer Frauen und Mädchen ein, nicht wegen einer ihrer religiösen Überzeugung entsprechenden Bekleidung in ihrer Berufsausübung ungerechtfertigt beschränkt zu werden."*

Die Gleichberechtigungsklausel findet sich auch in Art. 2 Abs. 2 S. 1 des Vertrags zwischen der Freien und Hansestadt Hamburg und der Alevitischen Gemeinde Deutschland e.V. vom 13. November 2012.[197] Das darin enthaltene Bekenntnis der Vertragspartner zur „vollständigen und gleichberechtigten Teilhabe von Frauen und Mädchen am gesellschaftlichen und politischen sowie am schulischen und beruflichen Leben" wird in Art. 4 S. 2 flankiert vom Bekenntnis der alevitischen Gemeinden zum staatlichen Schulwesen und der allgemeinen Schulpflicht. In der dazugehörigen Protokollerklärung heißt es: „Die Vertragsparteien stimmen darin überein, dass das Bekenntnis zum staatlichen Schulwesen und zur allgemeinen Schulpflicht das Eintreten für die uneingeschränkte Teilnahme von Mädchen und Jungen am Unterricht einschließt."

Weitere Vertragswerke mit muslimischen Partnern in anderen Bundesländern sind derzeit nicht geplant bzw. liegen politisch „auf Eis".[198]

Es ist fraglich, welche konkreten Rechtswirkungen gerade die letztgenannten Klauseln entfalten. Auch wenn gerade die Hamburger Vertragsgestaltung bemüht ist, den Bogen möglichst weit zu spannen und die Verträge in einer „Mitteilung an die Bürgerschaft"[199] in die „Tradition der bereits geschlossenen religionsverfassungsrechtliche Verträge" zu stellen, vermag dies nicht über die vertragsrechtlichen Hindernisse hinwegzuhelfen, die einer derartigen Statuserhebung vorliegend

---

196 Bürgerschaft der Freien und Hansestadt Hamburg, 20. Wahlperiode, Drucksache 20/5830, S. 4. Zu den Hamburger Verträgen insgesamt: *Michael Demel*, Die Verträge Hamburgs mit islamischen Verbänden und der Alevitischen Gemeinde, in: Kirche und Recht 2013, S. 93 ff.

197 Bürgerschaft der Freien und Hansestadt Hamburg, 20. Wahlperiode, Drucksache 20/5830, S. 15 ff.

198 So etwa die Situation in Niedersachsen. Siehe dazu i.Ü. umfassend: Thümler (Hrsg.), Wofür braucht Niedersachsen einen Vertrag mit muslimischen Verbänden? (Anm. 182).

199 Bürgerschaft der Freien und Hansestadt Hamburg, Drs. 20/5830.

deutlich entgegenstehen.[200] Nicht ganz zu Unrecht wird in der Literatur auch von „simulierten Staatsverträgen"[201] gesprochen. Im Ergebnis handelt es sich bei den genannten Abreden / Protokollerklärungen um wohlformulierte, vielleicht sogar in Disziplinierungsabsicht verfasste, Absichts- und Wohlwollensbekundungen, auf die man den Vertragspartner u.U. politisch ansprechen, ggf. zur Räson rufen könnte, aus denen aber keine konkret einklagbaren Rechte und Pflichten resultieren. Ganz grundlegend dürfte ohnehin die Frage aufgeworfen werden, ob und inwieweit die Verbände als Vertragspartner überhaupt befugt sind, insbesondere unter Berücksichtigung der nicht selten völlig unklaren Mitgliedschaftsverhältnisse, derartige Absprachen für die muslimischen Gläubigen zu treffen. Mit Blick auf den weiten, unverbindlichen Wortlaut der Protokollerklärungen sollte sich diese Frage aber in der Rechtspraxis wohl eher selten stellen.

C. Religiös konnotierte Bekleidung / Symbolik im Schulwesen

I. Multiple Kollisionslagen

Im Bereich der öffentlichen Schule treten sowohl im „Mikrobereich" Klassenraum / Schulgelände als auch im „Makrobereich" der schulischen Grundstruktur bzw. des staatlichen Erziehungsauftrags multiple Interessen- und Kollisionslagen auf, sei es in religiös-weltanschaulicher, sei es in sozialer, politischer oder kulturell-intellektueller Hinsicht. Die religiös-weltanschauliche Diversität der Gesellschaft spiegelt sich auch und gerade in den Klassenzimmern wider. Nicht nur das öffentliche Lehrpersonal nimmt zunehmend für sich in Anspruch, religiös konnotierte Kleidung zu tragen (christlich konnotierter Schmuck, islamisches Kopftuch, Baghwan-Kleidung), auch bei Schülerinnen und Schülern ist eine erhöhte – nicht zuletzt öffentliche – Sensibilität für solche Fallkonstellationen wahrzunehmen, in denen sich die individuelle religiöse Sinnsuche in dem Wunsch nach religiöser Bekleidung im Unterricht ausdrückt.[202] Eine weitere Problematik eröffnet sich mit Blick auf die Reichweite der Elternrechte, denen bis zur Religionsmündigkeit ihrer Kinder u.a. die alleinige religiöse Erziehung obliegt. Dürfen sie überhaupt – und

---

200 S. dazu die umfassende wissenschaftliche Auseinandersetzung bei Thümler (Hrsg.), Wofür braucht Niedersachsen einen Vertrag mit muslimischen Verbänden? (Anm. 182).

201 *Demel*, Die Verträge Hamburgs (Anm. 196), S. 93 (94 ff., 96: „Die äußere Anmutung von Staatsverträgen ist eine rechtlich unbeachtliche Simulation.").

202 Verf. geht nachfolgend mit Blick auf die Schülerperspektive von dem tatsächlichen Wunsch der Schülerinnen und Schüler aus, religiös konnotierte Kleidung zu tragen oder religiöse Handlungen während der Schulzeit zu vollziehen und unterstellt kein (pubertäres oder anderweitig gelagertes) Geltungsbedürfnis der Schülerinnen und Schüler.

wenn ja, wie weit – in die religiös-weltanschauliche Diversität des Schullebens eingreifen sowie staatliche Erziehungsvorstellungen mitgestalten?

Von den individuellen, grundrechtlich geschützten Verhaltensweisen sind die gleichsam institutionellen, staatlichen Interessen und Rechtsbindungen zu unterscheiden. Soweit religiöse Symbolik, insbesondere religiöse Kleidung in der staatlichen, für Schülerinnen und Schüler ja ggf. mit Zwangsmitteln durchsetzbaren, Sphäre erscheint, stellt sich die Frage nach der religiös-weltanschaulichen Neutralität des Staates und inwieweit der Staat dem religiösen „Moment" Raum zu Entfaltung geben darf. Eine besondere Spannungslage tritt insbesondere bei den öffentlich Bediensteten auf, die als Amts- und Funktionsträger gerade diesen Staat nach außen hin repräsentieren. Hier ist fraglich, ob das staatliche Neutralitätsverständnis bzw. der schulische Ausbildungs- und Erziehungsauftrag dem Wunsch nach unbeschränkter religiöser Ausdrucksfreiheit Schranken ziehen kann und inwieweit auf der anderen Seite die Schulaufsicht des Staates durch die Religionsfreiheit von Eltern und Schülerinnen und Schülern sowie dem Erziehungsrecht der Eltern begrenzt wird.

II. Konkretisierung der verfassungsrechtlichen Konfliktlagen

Dem BVerfG wurde schon mehrfach Gelegenheit gegeben, die unterschiedlichen Konfliktlagen im Schulbereich zu benennen und einem nach seiner Einschätzung möglichst schonenden Ausgleich zuzuführen. Konkret im bereits erwähnten „Kopftuch-II-Beschluss" vom 27. Januar 2015[203] zeichnet das BVerfG die betroffenen Rechtspositionen im Wesentlichen wie folgt auf:

Für die (hier im öffentlichen Schuldienst stehenden) Lehrkräfte streitet bei der Wahl religiöser Kleidung und Symbolik das Grundrecht auf Glaubens- und Bekenntnisfreiheit (Art. 4 Abs. 1 und 2 GG)[204]; gleiches gilt für Schülerinnen und Schüler. Möglicherweise in Betracht kommt für das Lehrpersonal auch eine Verletzung von Art. 12 Abs. 1 GG, da das Verbot einer religiösen Bekleidung im Schuldienst (hier dem Kopftuch) sogar den Zugang zum Beruf verstellen könnte, obwohl die persönlichen und vor allem fachlichen Voraussetzungen im Übrigen erfüllt wären. Dass mit einem Kopftuchverbot faktisch vor allem muslimische Frauen von der qualifizierten beruflichen Tätigkeit als Pädagoginnen ferngehalten werden, stünde zugleich in einem rechtfertigungsbedürftigen Spannungsverhältnis zum Gebot der tatsächlichen Gleichberechtigung von Frauen (Art. 3 Abs. 2 GG).[205]

---

203 BVerfGE 138, 296.
204 Dazu oben Abschnitt B. II. 2.
205 BVerfGE 138, 296 (333).

Das BVerfG zählt in diesen Konstellationen zu den in Betracht kommenden verfassungsimmanenten Schranken des vorbehaltlos gewährleisteten Grundrechts der Religionsfreiheit den staatlichen Erziehungsauftrag (Art. 7 Abs. 1 GG), der unter Wahrung der Pflicht zu weltanschaulich religiöser Neutralität zu erfüllen ist, das elterliche Erziehungsrecht (Art. 6 Abs. 2 GG) und die negative Glaubensfreiheit der Schülerinnen und Schüler (Art. 4 Abs. 1 GG).[206] Berufen sich etwa Schülerinnen auf religiöse Bekleidungsfreiheit, wird die aus Art. 7 Abs. 1 GG sich ergebende staatliche Neutralitätspflicht sowie das Funktionieren des staatlichen Schulwesens als Gemeinschaftswert als Schranke von Verfassungsrang genannt.[207]

Das elterliche Erziehungsrecht in religiösen Belangen ist gem. Art. 6 Abs. 2 S. 1 i.V.m. Art. 4 Abs. 1 GG besonders geschützt. Es ist Angelegenheit der Eltern, ihren Kindern diejenigen Überzeugungen in Glaubenssachen zu vermitteln, die sie für richtig halten.[208] Das religiöse Erziehungsrecht erlaubt den Eltern auch ein individuelles Erziehungskonzept dahingehend, dass ihre Kinder lernen, sich auch in ihrem alltäglichen Verhalten an die Vorgaben des durch die Eltern vermittelten Glaubens halten.[209] Im Konfliktfalle – etwa mit staatlichen Stellen (z.B. Unterrichtsbefreiungen o.ä.) – ist es erforderlich, dass die Eltern plausible, objektiv nachvollziehbare Glaubensgründe vortragen, warum ihre Kinder in der konkreten Situation einem Glaubensgebot Vorrang geben sollen/müssen.

---

206 BVerfGE 138, 296 (333); 108, 282 (299).

207 VG Osnabrück, Beschl. v. 26.8.2016, Az. 1 B 81/16, Rz. 32, juris.

208 BVerfGE 91, 1 (17); BVerwGE 141, 223. Kritisch zur Schulgebetsentscheidung des BVerwG: *Guy Beaucamp*, Öffentliches Beten als Gefährdung des Schulfriedens?, in: Dörte Busch / Martin Kutscha (Hrsg.), Recht, Lehre und Ethik der öffentlichen Verwaltung. Festschrift für Hans Paul Prümm, Baden-Baden 2014, S. 89 ff.

209 BVerwG, NVwZ 2014, 237 (238, 240) – Krabat.

III. Religiöse Symbolik / Bekleidung bei Schülerinnen und Schülern

Ein Blick in die Judikatur der letzten Jahrzehnte verdeutlicht, dass es weit überwiegend Fragen zunehmender Präsenz *islamischer* Symbolik und Bekleidungs-
stücke waren, welche die (höchst)richterliche Rechtsprechung geprägt haben.

1. Burka und Niqab im Schulunterricht

a. Vorliegende fallspezifische Rechtsprechung

Die wenigen bisher vorliegenden Judikate zur Frage, ob Schülerinnen vollverschleiert am Unterricht in öffentlichen (Berufs-)Schulen teilnehmen dürfen[210],
sind in Duktus und Ergebnis eindeutig. Das Begehren der jeweiligen Schulleitungen, die Schülerinnen mögen die Vollverschleierung ablegen, erwies sich als
rechtmäßig, da das Grundrecht der Schülerinnen aus Art. 4 Abs. 1 und 2 GG
durch das staatliche Bestimmungsrecht im Schulwesen (Art. 7 Abs. 1 GG) beschränkt werde. Zwar stehen sich die beiden Verfassungsbestimmungen gleichrangig gegenüber, doch begrenzen sie sich nach Maßgabe des Grundsatzes praktischer Konkordanz wechselseitig in einer Weise, die weder das eine noch das
andere bevorzugt und maximal behauptet. Das Vorbringen der Schülerin dürfe – so etwa der BayVGH – nicht prinzipiell als unbeachtlich behandelt werden,
andererseits dürfe sie aber auch nur ausnahmsweise beanspruchen, von bestimmten, den Schülerinnen und Schülern obliegenden, Verhaltensweisen dispensiert
zu werden. Zum staatlichen Bestimmungsrecht im Unterricht gehöre auch die
„*Unterrichtsmethode, etwa in Form offener Kommunikation, die seit vielen Jahren
üblich, im Gegensatz zu einem einseitigen Unterrichtsvortrag der Lehrkraft effizien-
ter ist und die Möglichkeit bietet, auf die Schülerin oder den Schüler individuell oder
auch auf die Klasse einzugehen.*"[211]
  Die offene Kommunikation beruhe in den Worten des BayVGH „*nicht nur auf
dem gesprochenen Wort, sondern ist auch auf nonverbale Elemente angewiesen, wie
Mimik, Gestik und übrige sog. Körpersprache, die zum größten Teil unbewusst aus-
gedrückt und wahrgenommen werden. Fehlen diese Kommunikationselemente, ist
die offene Kommunikation als schulisches Funktionserfordernis gestört. Bei einer gesichtsverhüllenden Verschleierung einer Schülerin wird eine nonverbale Kommuni-*

---

210 VG Osnabrück, Beschl. v. 26.8.2016 – 1 B 81/16, juris; BayVGH, Beschl. v. 22.4.2014 – 7 CS
     13.2592, 7 C 13.2593, juris (= BayVBl 2014, 533 ff.); vorgehend: VG Regensburg, Beschl. v.
     25.11.2013 – RO 1 S 13.1842, juris.
211 BayVGH, Beschl. v. 22.4.2014 – 7 CS 13.2592, 7 C 13.2593, Rz. 19, juris (= BayVBl 2014,
     533 ff.).

kation im Wesentlichen unterbunden."[212] Eine Ausweichmöglichkeit für die Schule sei dann nicht mehr hinnehmbar, wenn sie zu einer Art der Unterrichtsgestaltung führe, die ihrem fachlichen Konzept in gravierender Weise zuwider liefe.[213] Die Schülerinnen müssen in den hier vorliegenden Fällen eine Beeinträchtigung ihrer religiösen Überzeugungen hinnehmen.

b. Erste Impulse durch das Niedersächsische Schulgesetz (2017)

Das Phänomen vollverschleierter Schülerinnen im Unterricht spielt in den Landesschulgesetzen bisher keine Rolle. Die allgemeine Diskussion über ein sog. „Burkaverbot" im öffentlichen Raum sowie die o.g. und medial stark begleiteten Fälle haben nun zu einer ersten landesgesetzgeberischen Reaktion geführt.

So hat der Niedersächsische Landtag am 16. August 2017 das Gesetz zur Verankerung der Pflichten von Schülerinnen und Schülern im Niedersächsischen Schulgesetz beschlossen[214]. Gem. § 58 Abs. 2 S. 2 dürfen die Schülerinnen und Schüler nunmehr „durch ihr Verhalten oder ihre Kleidung die Kommunikation mit den Beteiligten des Schullebens nicht in besonderer Weise erschweren." Dies gilt nach S. 3 nur dann nicht, „wenn einzelne Tätigkeiten oder besondere gesundheitliche Gründe eine Ausnahme erfordern." Die mit Stimmen aller Landtagsfraktionen getragene Neuregelung wurde als „Minimalkonsens" bezeichnet.[215]

Dem Gesetzesvorschlag zugrunde liegt ein Gutachten des Münsteraner Rechtslehrers *Hinnerk Wißmann* zum „Verbot gesichtsbedeckender Verschleierung in der Schule". Er kommt darin zum Ergebnis, dass das Tragen gesichtsbedeckender Verschleierung Schülerinnen zulässigerweise durch eine entsprechende gesetzliche Regelung untersagt werden kann. Die damit verbundene Beschränkung der Religionsfreiheit und des Allgemeinen Persönlichkeitsrechts sowie des elterlichen Erziehungsrechts sei durch den Schutz entgegenstehender Verfassungsrechtsgüter gerechtfertigt, insbesondere den staatlichen Bildungs- und Erziehungsauftrag.[216] Die Schule müsse dabei – je mehr Teilnahmezwang sie ausübe, umso stärker – die grundrechtliche Identität der ihr anvertrauten Schülerinnen und Schüler und die damit verbundenen Elternrechte achten.[217] *Wißmann* nimmt aber auch die Schülerinnen und Schüler nicht von einer Mitwirkungs- und gleichsam Gelingenspflicht des staatlich verordneten Unterrichtsprogramms aus. Die Teilnahmepflicht der Schüler richte sich nicht nur auf eine äußerliche, rein eigennützig kalkulieren-

---

212   BayVGH, Beschl. v. 22.4.2014 – 7 CS 13.2592, 7 C 13.2593, Rz. 21, juris (= BayVBl 2014, 533 ff.).
213   So auch BVerwG, NVwZ 2014, 81 (85).
214   LT-Dr 17/7023; LT-Dr 17/8554; Nds. GVBl. 2017, S. 260.
215   Verschleierung an Schulen verboten, FAZ v. 17.8.2017, S. 4.
216   *Wißmann*, Verbot gesichtsbedeckender Verschleierung (Anm. 73), S. 2.
217   *Wißmann*, Verbot gesichtsbedeckender Verschleierung (Anm. 73), S. 8.

de oder duldende Anwesenheit, sondern auf die (viel weitergehende, aber kaum erzwingbare) Verpflichtung zur Teilnahme an Unterricht und Erziehung als geistigem Prozess. Daraus lasse sich als Vorwirkung die Pflicht ableiten, die notwendigen Voraussetzungen für einen solchen Unterricht auch auf Seiten der Schülerinnen und Schüler zu schaffen und nicht bereits durch ein äußeres Verhalten zu verunmöglichen.[218] Die Berufung auf religiöse Pflichten dürfe die Durchführung des staatlichen Bildungs- und Erziehungsauftrags nicht soweit behindern, dass er – und zwar auch gegenüber den in ihren religiösen Rechten Betroffenen – nicht mehr oder nur noch unzureichend erfüllt werden kann. Insbesondere dürfe auch das offene Unterrichtsgespräch geschützt werden, woraus sich Grenzen für religiös bestimmte Verhaltensweisen ergeben könnten.[219]

Das Verbot religiös motivierter Kleidung stelle einen klassischen Eingriff dar, der verfassungsrechtlich rechtfertigungsbedürftig sei. Alleine aus dem staatlichen Erziehungs- und Bildungsauftrag könne indes keine freie Bestimmung des Staates in der Schule abgeleitet werden.[220] *Wißmann* würdigt die vorliegende Verwaltungsgerichtsrechtsprechung dabei mitunter durchaus kritisch, sofern sie darauf abstelle, dass ein Unterrichtsgelingen „auf das Gesicht" angewiesen sei bzw. eine allgemeine Gefährlichkeit der Vollverschleierung – etwa im Rahmen naturwissenschaftlicher Versuche – postuliere. Die bloße abstrakte Gefahr reiche infolge des sog. Kopftuch-II-Beschlusses des BVerfG eben nicht mehr aus, um bestimmte Bekleidungsvorschriften zu installieren. Was für Lehrkräfte gelte, gelte erst recht für Schülerinnen und Schüler. Im Ergebnis sei aber, um zu erziehen und zu bilden, „die ständige Rückkopplung"[221] zwischen Lehrer und Schüler ein legitimes Kernelement. Der Staat dürfe – unter Inkaufnahme erheblicher Wirkungsverluste – darauf verzichten, er muss es aber nicht nicht. Hier kommt der verfassungsrechtliche Schulauftrag ganz zu sich selbst: Die Achtung der Verschiedenheit führt gerade zur *Pflicht gegenseitiger, kommunikativ symmetrischer Begegnung*."[222] Die materielle Zulässigkeit schulischer Bekleidungsvorgaben in dieser Hinsicht werde – so *Wißmann* – auch durch die Prüfung der sog. „Schranken-Schranken" nicht in Zweifel gezogen.[223] Es sei gerade die Pointe des anspruchsvollen verfas-

---

218 *Wißmann*, Verbot gesichtsbedeckender Verschleierung (Anm. 73), S. 11.

219 *Wißmann*, Verbot gesichtsbedeckender Verschleierung (Anm. 73), S. 14.

220 Dazu und zum Folgenden: *Wißmann*, Verbot gesichtsbedeckender Verschleierung (Anm. 73), S. 22, 25 ff.

221 Dazu auch *Johannes Rux / Norbert Niehues*, Schulrecht, 5. Aufl., München 2013, § 2 Rn. 647.

222 *Wißmann*, Verbot gesichtsbedeckender Verschleierung (Anm. 73), S. 26 f.; a.A. wohl *Rux/ Niehues*, Schulrecht⁵, § 2 Rn. 647, nach denen die Schülerinnen aufgrund der Schulpflicht nur zur physischen Anwesenheit in der Schule gezwungen sind, nicht jedoch dazu, sich aktiv am Unterricht zu beteiligen. Verweigern sie ihre Mitarbeit, so könne dies lediglich durch eine entsprechend schlechte Bewertung der mündlichen Leistungen sanktioniert werden.

223 So auch *Nina Coumont*, Islamische Glaubensvorschriften und öffentliche Schule, ZAR 2009, S. 9 (12), die ein vollständiges Verbot des gesichtsverhüllenden Schleiers im Unter-

sungsrechtlichen Erziehungskonzepts, dass Schülerinnen und Schüler dazu verpflichtet sind, auch in ihrem eigenen Bereich (!) Voraussetzungen für das Gelingen des wechselseitigen Erziehungsprozesses zu schaffen.[224]

c. Bestandsaufnahme und Konsequenzen

Die derzeit absehbare Rechtsprechungslinie verdient Zustimmung. Das staatliche Bildungs- und Erziehungskonzept ist von den religiösen Selbstentfaltungswünschen der Eltern sowie der Schülerinnen und Schüler unabhängig.[225] Wäre dem nicht so, könnten kollidierende (elterliche) Erziehungsansprüche und individuelle Grundrechtspositionen jederzeit und weit über Gebühr das staatliche Bestimmungsrecht im Schulwesen unterlaufen.[226] Natürlich ist Art. 4 Abs. 1 und 2 GG insbesondere ein Grundrecht zum Schutze von Minderheiten, doch dürfen sich religiöse Minderheiten im *verpflichtenden Schulbereich* nicht selbst ausgrenzen, in dem sich Unterrichtsinhalten und –methoden verweigern. Dem steht nicht entgegen, dass das BVerfG (in anderem Kontext) auch „Außenseitern und Sektierern" die ungestörte Entfaltung ihrer Persönlichkeit gemäß ihren subjektiven Glaubensüberzeugungen gestattet. Die Grenze zieht das BVerfG bei einem Widerspruch zu anderen Wertentscheidungen der Verfassung, wenn und soweit aus ihrem Verhalten fühlbare Beeinträchtigungen für das Gemeinwesen oder die Grundrechte anderer erwachsen.[227] Erst, wenn die konkrete Beeinträchtigung (hier der Schülerinnen und Schüler) einen besonders gravierenden Grad erreicht, genießt die Religionsfreiheit wieder Vorrang.[228]

Der Wunsch nach Vollverschleierung ist nicht selten der erste Schritt zu einer vollständigen sozialen Isolierung.[229] Im Schulbereich nimmt nicht nur die päda-

---

richt als verhältnismäßig ansieht. Zur Erläuterung des Rechtsterminus der sog. „Schranken-Schranken": die Prüfung der „Schranken" eines Grundrechts befasst sich mit der verfassungsrechtlichen Rechtfertigung eines Eingriffs, d.h. mit der Frage, *warum* der Gesetzgeber in ein Grundrecht eingreifen darf (einfache, qualifizierte od. auch fehlende Gesetzesvorbehalte). Bei den „Schranken-Schranken" steht die Frage im Mittelpunkt, *wie weit* der Gesetzgeber überhaupt in das Grundrecht eingreifen darf. Setzt der Gesetzgeber aktiv Schranken, so ist er selbst wiederum gewissen Beschränkungen unterworfen (Verhältnismäßigkeitsgrundsatz in Form des Übermaßverbots, Wesentlichkeitstheorie, Verbot der Einzelfallgesetzgebung und weiteres).

224 *Wißmann*, Verbot gesichtsbedeckender Verschleierung (Anm. 73), S. 27.
225 BVerwGE 147, 362 (366).
226 Vgl. BVerwGE 147, 362 (366); BayVGH, Beschl. v. 22.4.2014 – 7 CS 13.2592, 7 C 13.2593, Rz. 20, juris.
227 BVerfGE 33, 23 (29).
228 BVerwG, NVwZ 2014, 81 (84).
229 Zum Folgenden die Situationsbeschreibung einer Fallgestaltung aus Niedersachsen, die der ehemalige Bundesverfassungsrichter Ernst Gottfried Mahrenholz im Auftrag des Niedersächsischen Kultusministeriums zu begutachten hatte: *Mahrenholz*, Darf die Schulver-

gogische Interaktion Schaden bzw. wird unmöglich gemacht, auch die sozialen Bindungen im Freundeskreis und im Klassenverbund könnten erlöschen. Die Verschleierung kann zu schulischem wie sozialem Desinteresse führen, das sich mitunter in einer völligen Kommunikationsaufgabe gegenüber männlichen Lehrkräften und Mitschülern äußert.

Für den Bereich der *privaten, individuellen* Lebensgestaltung kann und darf der Staat hier keine Vorgaben machen, es sei denn, es entwickelt sich daraus eine Situation, in der das staatliche Wächteramt gem. Art. 6 Abs. 2 u. 3 GG aktiviert werden muss. Mit zunehmendem Alter der Schülerinnen und weiterem schulischen Werdegang (etwa: Ende der staatlichen Schulpflicht und Besuch einer Berufsschule o.ä. bzw. Religionsmündigkeit, später Volljährigkeit) verändern sich die staatlichen Eingriffsanforderungen zunehmend. Unabdingbar bleibt aber in jedem Stadium der schulischen Ausbildung die Sicherstellung einer offenen, ungehinderten Kommunikation zur Gewährleistung des schulischen Lehr- und Lernerfolgs, der bei einer Vollverschleierung nicht möglich ist.

Nicht nur unausgesprochen[230] zieht die Rechtsprechung zunehmend Art. 7 Abs. 1 GG als Schranke der individuellen Religionsfreiheit im Schulbereich heran.[231] Dabei betonen die staatlichen Gerichte auch die sich aus dem Grundgesetz ergebenden (den Staat adressierenden!) Pflichten, ein funktionsfähiges und höheren Zielen dienendes Schulsystem aufzubauen. Die Schule hat nicht nur die Aufgabe, Wissen zu vermitteln und das Kind kognitiv zu bilden.[232] Gleichzeitig soll sie (neben den Eltern, aber auch in Gemeinschaft mit ihnen) die Erziehung des Kindes gewährleisten. Der Staat hat im Rahmen seines Erziehungsauftrages das Kind bei der Entwicklung zu einer eigenständigen Persönlichkeit innerhalb der Gemeinschaft zu unterstützen und zu fördern und es zu einem selbstverantwortlichen Mitglied in der Gemeinschaft heranzubilden.[233] Zugleich soll sie, unter den von ihr vorgefundenen Bedingungen einer pluralistisch und individualistisch geprägten Gesellschaft, dazu beitragen, die Einzelnen zu dem Ganzen gegenüber verantwortungsbewussten Bürgern heranzubilden und hierüber eine für das Gemeinwesen unerlässliche Integrationsfunktion erfüllen.[234] In dieser Hinsicht ist der Erziehungsauftrag des Staates gem. Art. 7 Abs. 1 GG selbstständig und dem

---

waltung einer Schülerin das Tragen eines Schleiers in der Schule verbieten? (Anm. 73), S. 287 (288; 297 f.). S.a.: *Hörnle*, Das verschleierte Gesicht (Anm. 133), S. 703 (718 f.).

230 *Friedhelm Hufen*, Grundrechte und Schulrecht: Ausschluss vom Unterricht wegen gesichtsverhüllender Verschleierung, JuS 2015, S. 186.

231 Das BVerwG sieht das Grundrecht aus Art. 4 Abs. 1 und 2 GG als von vorneherein durch die „Eigenständigkeit der staatlichen Wirkungsbefugnisse" in der Schule gem. Art. 7 Abs. 1 GG „relativiert" an, vgl. BVerwGE 147, 362 (365).

232 Dazu und zum Folgenden: *Mahrenholz*, Darf die Schulverwaltung einer Schülerin das Tragen eines Schleiers in der Schule verbieten? (Anm. 73), S. 287 (294).

233 Siehe BVerfGE 34, 165 (182); 93, 1 (20).

234 BVerwGE 147, 362 (366 m.w.N.).

elterlichen Erziehungsauftrag aus Art. 6 Abs. 2 S. GG gleichgeordnet.[235] Der Staat darf eigene, in den Schulgesetzen der Länder normierte, Erziehungsziele verfolgen und sich dafür fachlich-wissenschaftlich anerkannter Erziehungsmethoden bedienen. Funktionsbedingung dieser Erziehungsziele ist ein geordneter Unterricht. Art. 7 Abs. 1 GG ermächtigt daher den Staat, von den Schülerinnen und Schülern zu verlangen, dass sie in einer Art und Weise am Unterricht teilnehmen, dass Unterricht *überhaupt* möglich ist.[236] Das Anlegen einer Vollverschleierung stünde dem diametral entgegen.[237] Vor diesem Hintergrund ist es geboten, dass andere möglicherweise betroffene Grundrechte Dritter (negative Religionsfreiheit von Schülerinnen und Schülern, von Lehrern, Elternrechte etc.) zurückstehen.

Schließlich ist auch keine andere Würdigung im Bereich der kirchlichen Schulen geboten. Es steht das *gesamte* Schulwesen unter der Aufsicht des Staates. Die staatliche Organisationsgewalt gem. Art. 7 Abs. 1 GG im Bereich des Privatschulwesens bleibt unangetastet.[238] Der Betrieb privater Schulen steht unter dem Vorbehalt staatlicher Genehmigung. Diese Genehmigung ist nach Maßgabe von Art. 7 Abs. 4 S. 3 GG aber nur dann zu erteilen, wenn die privaten Schulen in ihren Lehrzielen und Einrichtungen sowie in der wissenschaftlichen Ausbildung ihrer Lehrkräfte nicht hinter den öffentlichen Schulen zurückstehen und eine Sonderung der Schülerinnen und Schüler nach den Besitzverhältnissen der Eltern nicht gefördert wird. Die von Art. 7 Abs. 4 GG geforderte Gleichwertigkeit (nicht: Gleichartigkeit) der privaten Schulen ermöglicht durchaus die Verwirklichung eigener pädagogischer Erziehungskonzepte, an deren Ende allerdings ein den staatlichen Ausbildungswegen gleichwertiger Bildungserfolg stehen muss.[239] In kirchlichen Schulen würde es aber weder dem Erziehungskonzept noch dem kirchlichen Selbstverständnis entsprechen, vollverschleierten Schülerinnen Unterricht zu erteilen.

Die staatlicherseits ausgesprochene Untersagung des Anlegens einer Vollverschleierung bedarf insgesamt aufgrund des Vorbehalts des Gesetzes einer hinreichend bestimmten gesetzlichen Ermächtigungsgrundlage.[240] Auch und gerade im

---

235 BVerfGE 34, 165 (183); 41, 29 (44); 47, 46 (72).

236 *Mahrenholz*, Darf die Schulverwaltung einer Schülerin das Tragen eines Schleiers in der Schule verbieten? (Anm. 73), S. 287 (295).

237 A.A. ausdrücklich *Hermann Avenarius*, Schulrecht. Ein Handbuch für Praxis, Rechtsprechung und Wissenschaft, 8. Aufl., Köln 2010, S. 136, nach dem das Anlegen des traditionellen islamischen Ganzkörperschleier *grundsätzlich erlaubt* ist und nur dann unter Hinweis auf den staatlichen Erziehungsauftrag eingeschränkt werden kann, wenn eine pädagogische Interaktion mit dem Mädchen nicht mehr möglich ist, weil es nicht bereit ist, sich durch männliche Lehrkräfte ansprechen zu lassen.

238 *Thiel*, in: Sachs (Hrsg.), GG[7], Art. 7 Rn. 61.

239 *Thiel*, in: Sachs (Hrsg.), GG[8], Art. 7 Rn. 68.

240 *Mahrenholz*, Darf die Schulverwaltung einer Schülerin das Tragen eines Schleiers in der Schule verbieten? (Anm. 73), S. 287 (300); *Morlok*, in: Dreier (Hrsg.), GG I[3], Art. 4 Rn. 78.

schulischen Bereich müssen die wesentlich – insbesondere die Sphäre der Grundrechtsausübung betreffenden – Maßnahmen und Entscheidungen gesetzlich geregelt werden (Wesentlichkeitstheorie). Aufgrund der betroffenen Grundrechte aus Art. 4 Abs. 1 und 2 GG sowie (subsidiär) Art. 2 Abs. 1 i.V.m. Art. 1 Abs. 1 GG müssen die Landesgesetzgeber handeln, wenn und soweit sie die Vollverschleierung untersagen wollen.

2. Das Kopftuch der muslimischen Schülerin

Eine anders gewichtete Rechtsgüterabwägung hat hinsichtlich der Frage zu erfolgen, ob Schülerinnen das Tragen des muslimischen Kopftuchs im Schulunterricht zu gestatten ist. Auch in diesen Fällen stellt ein entsprechendes Verbot bei entsprechendem Selbstverständnis und hinreichend plausibler Darlegung einen rechtfertigungsbedürftigen Eingriff in Art. 4 Abs. 1 und 2 GG sowie in das elterliche Erziehungsrecht aus Art. 6 Abs. 1 S. 2 GG dar.[241]

Nach dem oben bereits Ausgeführten wäre ein staatliches Verbot, in der Schule religiöse Symbole/Kleidung zu tragen nur dann gerechtfertigt, wenn es zur Erfüllung des Bildungsauftrags der Schule erforderlich ist.[242]

Es bedarf indes überhaupt erst einmal einer hinreichend bestimmten gesetzlichen Ermächtigungsgrundlage. Diese liegt aber bisher in keinem Bundesland vor.[243] Solange der Schulgesetzgeber aber keine verbindliche Kleidung für den Schulbesuch festlegt, haben die Schüler daher in der Schule das Recht, sich entsprechend den Geboten ihres Glaubens zu kleiden und religiöse Symbole und Abzeichen zu verwenden.[244] Doch selbst für den Fall der Existenz einer solchen Kleiderordnung hätte diese – um die Verhältnismäßigkeit der gesetzlichen Regelung zu wahren – den Schülern noch gewisse Räume zu belassen, ihre religiösen Überzeugung zu verwirklichen.

Fraglich ist allerdings bereits, welche Rechtsgüter durch das Tragen eines muslimischen Kopftuchs konkret gefährdet wären.

---

241 *Coumont*, Islamische Glaubensvorschriften (Anm. 223), S. 9; *Christine Langenfeld*, Religionsfreiheit als Hindernis für die Integration? Die Rolle der Religion in öffentlichen Schulen unter besonderer Berücksichtigung des Islam, in: Jamal Malik (Hrsg.), Mobilisierung von Religion in Europa, Frankfurt a.M. 2010, S. 217 (227 f.). S.a. *Moritz L. Jäschke/Tobias Müller*, Kopftuchverbote gegenüber Schülerinnen an öffentlichen und privaten Schulen, DÖV 2018, S. 279 (279 f.).

242 *Brosius-Gersdorf*, in: Dreier (Hrsg.), GG I³, Art. 7 Rn. 69.

243 Niedersachsen hat – s.o. – nur den Fall der gesichtsverdeckenden Vollverschleierung geregelt, nicht den des Kopftuchs.

244 *Rux/Niehues*, Schulrecht⁵, § 2 Rn. 639; *Matthias Rohe*, Muslime in der Schule, BayVBl. 2010, 257 (263).

Das auch den Schulgesetzgeber bzw. den öffentlichen Schulträger treffende Gebot religiös-weltanschaulicher Neutralität vermag ein Kopftuchverbot für Schülerinnen nicht zu rechtfertigen, da sich der Staat durch das Tolerieren eines Minderheitenrechts nicht mit einer bestimmten Religion identifiziert.[245] Die religiöse konnotierte Kleidung einer Schülerin bzw. eines Schülers übt überdies auch keinen *unmittelbaren* Zwang auf die anderen Schüler aus, sich den vorgestellten Glaubensinhalten anzuschließen; die Gefahr einer (staatlich geförderten) Indoktrination ist wohl nicht gegeben. Empirisch ungeklärt ist, ob und inwieweit es durch religiös konnotierte Kleidung zu mittelbaren Zwangssituationen kommen kann (z.B. Gruppenzwang in der Klasse, sich religiös zu kleiden[246]).

Die negative Religionsfreiheit von Schülerinnen und Schülern sowie dem Lehrpersonal gem. Art. 4 Abs. 1 u. 2 GG ist nicht betroffen, weil diese keinen religiösen Konfrontationsschutz gewährt. Die negative Ausprägung der Religionsfreiheit überlässt es dem Einzelnen oder der Einzelnen lediglich zu entscheiden, welche religiösen Symbole er/sie anerkennt, verehrt oder ablehnt. In einer Gesellschaft, die unterschiedlichen Glaubensüberzeugungen Raum gibt, besitzt man indes kein Recht darauf, von fremden Glaubensbekundungen, kultischen Handlungen und religiösen Symbolen verschont zu bleiben.[247] Die vom BVerfG im Rahmen des sog. Kruzifix-Beschlusses formulierte Ausnahme hinsichtlich einer staatlich geschaffenen Lage einer Konfrontation mit religiösen Symbolen ohne Ausweichmöglichkeit greift vorliegend nicht, denn das Tragen des Kopftuchs basiert nicht (auf welcher Rechtsgrundlage auch?) auf einer staatlichen Anordnung. Die Handlung beruht auf einer autonomen Entscheidung der Schülerin, die von ihrem Grundrecht aus Art. 4 Abs. 1 und 2 GG Gebrauch macht – die negative Religionsfreiheit der Mitschülerinnen und Mitschüler geht aber in einer Konfliktlage nicht per se vor.[248] Im Einzelnen dürfte es hier aber auch mehrere kontextbezogene Graubereiche geben, die stets einer Einzelfallwürdigung zugeführt werden müssen.

---

245 *Brosius-Gersdorf*, in: Dreier (Hrsg.), GG I³, Art. 7 Rn. 69.
246 Die Direktorin des Frankfurter Forschungszentrums Globaler Islam, *Susanne Schröter*, moniert, dass in manchen Schulen bereits Erstklässlerinnen Kopftuch tragen. Von Lehrerinnen mit Migrationshintergrund wisse sie, dass Mädchen, die kein Kopftuch tragen möchten, von anderem muslimischen Schülern gemobbt werden, s. „Mädchen ohne Kopftuch werden gemobbt", Rhein-Main-Zeitung v. 14.5.2018, S. 31. Einen ähnlich starken Gruppenzwang machen Pädagogen auch beim muslimischen Fastenmonat Ramadan aus, dazu: *Ricarda Breyton / Thomas Vitzthum*, Im Ramadan kippen die Schüler von der Bank, Die Welt v. 17.5.2018, S. 23.
247 BVerfGE 93, 1 (16).
248 *Pottmeyer*, Religiöse Kleidung (Anm. 23), S. 160 m.w.N.

Schließlich wird auch der öffentliche Bildungsauftrag (Art. 7 Abs. 1 GG) durch das muslimische Kopftuch (oder auch die jüdische Kippa) nicht gefährdet.[249] Eine Kommunikation bleibt möglich, die Identifizierbarkeit der Schülerin ist gegeben. Gründe für ein mögliches Scheitern pädagogischer Maßnahmen bzw. des Unterrichtsauftrags sind nicht erkennbar.

Auch wenn es vereinzelte Fälle gibt, in denen Schulleitungen ein Kopftuchverbot auch für Schülerinnen durchsetzen wollen[250], hindert dies im Ergebnis nichts am Überwiegen des Grundrechts der Religionsfreiheit in diesen Konstellationen. Ein generelles Kopftuchverbot für Schülerinnen wäre unangemessen, da eine Beeinträchtigung anderer Rechtsgüter nicht generell angenommen werden kann.[251] Auch der eigentliche, schulisch-staatliche Erziehungsauftrag wird durch das Tragen des muslimischen Kopftuchs nicht behindert.[252] Dies ist gerade der entscheidende Faktor in der Abgrenzung zwischen dem Kopftuch und der Burka bzw. dem Niqab.[253]

Diskussionswürdig ist sicherlich der Wunsch nach Anlegen des Kopftuchs im Unterricht bei fehlender Religionsmündigkeit i.S.v. § 5 RKEG.[254] Hier wird von Kritikern eingewandt, dass durch das Anlegen des Kopftuchs eine „optische Sexualisierung" von Kindern erfolge, wenn damit die Vorstellung verbunden sei, man müsse die Trägerin vor männlichen Übergriffen schützen.[255] Darüber hinaus stünden diesem Wunsche Gründe des Kindeswohls entgegen. Demgegenüber gilt es aber namentlich das elterliche (religiöse) Erziehungsrecht im Blick zu behalten; bei noch nicht religionsmündigen Schülerinnen sind die religiösen Vorstellungen der Eltern zu berücksichtigen, aus denen sich – wie oben dargelegt[256] – das Bedecken des Haares ab der Geschlechtsreife ermitteln lässt.[257] Bei genuin religiöser und plausibler Argumentation seitens der Eltern wird man das Ablegen des Kopftuchs auch bei Kindern unter 14 Jahren wohl nicht anordnen können.

---

249 *Rux/Niehues*, Schulrecht⁵, § 2 Rn. 643, 644; *Brosius-Gersdorf*, in: Dreier (Hrsg.), GG I³, Art. 7 Rn. 69.

250 Vgl. http://www.tagesspiegel.de/berlin/kopftuch-streit-in-wilmersdorf-muslimische-schuelerin-sollte-tuch-ablegen/11307432.html (letzter Zugriff: Juni 2018). Auch *Rohe*, Muslime in der Schule (Anm. 244), S. 257 (263) berichtet von derartigen Fällen, die letztlich durch die zuständigen Aufsichtsbehörden korrigiert wurden. S.a. *Anger*, Islam in der Schule (Anm. 46), S. 168.

251 *Coumont*, Islamische Glaubensvorschriften (Anm. 223), S. 9 (10); i.E. auch *Pottmeyer*, Religiöse Kleidung (Anm. 23), S. 176 ff. (179) sowie *Jäschke/Müller*, Kopftuchverbote gegenüber Schülerinnen an öffentlichen und privaten Schulen (Anm. 241), S. 279 (284).

252 *Rux/Niehues*, Schulrecht⁵, § 2 Rn. 643, 644.

253 *Wißmann*, Verbot gesichtsbedeckender Verschleierung (Anm. 73), S. 28.

254 Gesetz über die religiöse Kindererziehung vom 15. Juli 1921 (RGBl. 1921, S. 939).

255 Dazu: *Rohe*, Muslime in der Schule (Anm. 244), S. 257 (263).

256 S.o. Abschnitt B. I. 3.

257 Siehe ebenso: *Anger*, Islam in der Schule (Anm. 46), S. 169.

3. Der sog. Burkini

Jüngere, deutlich restriktivere Entwicklungen zeigen sich im Bereich der Rechtsprechung hinsichtlich islamisch konnotierter Badebekleidung für Mädchen. Das Tragen des sog. „Burkini" unterscheidet sich in den bisher bekannt gewordenen Fällen von den vorgenannten Konstellationen Burka/Niqab/Kopftuch bereits dadurch, dass es nicht um den von Art. 4 Abs. 1 und 2 GG geschützten Wunsch eines *dauerhaften* Tragens des Badeanzugs geht, sondern um die Notwendigkeit einer *situativ bedingten* Wahl eines Kleidungsstücks infolge staatlich verantworteter Unterrichtserfordernisse. Ginge es alleine nach dem Wunsch vieler muslimischer Erziehungsberechtigte, so würden die islamischen Glaubensvorschriften einer Teilnahme muslimischer Mädchen am koedukativ erteilten Schwimmunterricht entgegenstehen.

a. Rechtsprechungsentwicklung[258] in Deutschland

Das BVerwG wie auch manches Oberverwaltungsgericht[259] waren zu Beginn ihrer Rechtsprechung zu dieser Thematik noch verhältnismäßig großzügig und haben aus Art. 4 Abs. 1 und 2 GG einen Anspruch auf Befreiung vom koedukativ erteilten *Sportunterricht* angenommen, sofern dieser für eine muslimische Schülerin im Hinblick auf die Bekleidungsvorschriften des Islam, die sie als für sie verbindlich ansieht, zu einem unlösbaren Gewissenkonflikt führt.[260] Die von der Vorinstanz vorgeschlagene „mildere" Option, mit weitgeschnittener Kleidung und ein Kopftuch zu tragen und erforderlichenfalls von einzelnen Sportübungen befreit zu werden, hat das BVerwG als Verletzung der individuellen Religionsfreiheit der Schülerin eine deutliche Absage erteilt.[261] Im Privatleben könne das Mädchen dem visuellen wie körperlichen Kontakt mit anderen Menschen aus

---

258   Instruktive Übersicht zur jüngeren Rechtsprechung des BVerwG im religionsrechtlichen Kontext: *Hans Michael Heinig*, Religionsfreiheit im Schul- und Mitgliedschaftsrecht. Ein Bericht über die jüngere Rechtsprechung des Bundesverwaltungsgerichts (2010–2015), in: ZeVKR 61 (2016), S. 202 ff. (zum Burkini-Urteil: 209 ff.); *Arnd Uhle*, Integration durch Schule. Die Urteile des BVerwG in der Verfahren „Burkini" und „Krabat" (6 C 25/12 und 6 C 12/12), NVwZ 2014, 541 ff.; *Ders.*, Schulische Integration und elterliches Erziehungsrecht. Die Unterrichtsbefreiung aus religiösen Gründen nach den Burkini-Entscheidungen von BVerwG, BVerfG und EGMR, in: Christoph Ohly / Wilhelm Rees / Libero Gerosa (Hrsg.), Theologia Iuris Canonici. Festschrift für Ludger Müller zur Vollendung des 65. Lebensjahres, Berlin 2017, S. 849 ff.; *Thorsten Anger*, Sport und Islam in der Schule – Bewegung im Verhältnis von Recht und Religion, NWVBl. 2013, 96 ff.

259   Vgl. *Uhle*, Integration durch Schule (Anm. 258), S. 541 (542).

260   BVerwGE 94, 82.

261   BVerwGE 94, 82 (89).

dem Weg gehen, in der Situation des staatlich angeordneten, koedukativ erteilten Sportunterrichts sei dies nicht möglich.

Mit Urteil vom 11. September 2013[262] hat das BVerwG diese religions- und vor allem befreiungsfreundliche Linie ausdrücklich aufgegeben und die Befreiungsmöglichkeiten von schulischen Veranstaltungen deutlich eingeschränkt. Für den Bereich des koedukativ erteilten Schwimmunterrichts hält das Gericht nunmehr das Tragen eines Ganzkörperschwimmanzugs grundsätzlich für zumutbar, ohne dass dadurch Art. 4 GG verletzt werde.[263] Schülerinnen und Schüler könnten nur noch in Ausnahmefällen die Befreiung von einer Unterrichtsveranstaltung verlangen, sie dürfe überhaupt nicht mehr als gleichsam *„routinemäßige Option der Konfliktlösung fungieren (…), die in jedem Fall ergriffen werden müsste, in dem aufgrund des Unterrichts Einzelnen eine Beeinträchtigung religiöser Positionen droht.“*[264] Die Befreiungspraxis liefe auf einen prinzipiellen Nachrang des staatlichen Bildungs- und Erziehungsauftrags hinaus, indem sie diesen – letzten Endes – für Minderheiten disponibel macht. *„Ist die staatliche Pflicht zur Rücksichtnahme auf religiöse Belange aus Gründen der Praktikabilität und insbesondere auch aufgrund der Integrationsfunktion der Schule im Prinzip begrenzt, so folgt hieraus für alle Beteiligten, dass sie in einem bestimmten Umfang Beeinträchtigungen ihrer religiösen Überzeugungen als typische, von der Verfassung von vorneherein einberechnete Begleiterscheinung des staatlichen Bildungs- und Erziehungsauftrags und der seiner Umsetzung dienenden Schulpflicht hinzunehmen haben, d.h. nicht über das Recht verfügen, ihnen beliebig auszuweichen.“*

Für die Annahme einer Ausnahmesituation will das BVerwG fortan prüfen, ob im Falle eines Scheiterns aller „kompromisshaften Konfliktentschärfungsmaßnahmen“[265] die begehrte Unterrichtsbefreiung für den Grundrechtsschutz des Betroffenen schlicht unerlässlich ist.[266] Ein Ausnahmefall liege nicht schon dann vor, weil ein Befreiungsverlangen nur *von einer einzelnen Person* in *einer bestimmten Situation* geltend gemacht werde.[267] Es drohe andernfalls die Gefahr, dass der hierin zum Ausdruck kommende Vorrang der Glaubensfreiheit auch in vergleichbar gelagerten Konstellationen, die in ihrer Summe die Wahrnehmung des staatlichen Bildungs- und Erziehungsauftrages deutlich stärker beeinträchtigen könnten, in Anspruch genommen werde. Es sei insgesamt die Frage zu stellen, *„ob*

---

262 BVerwGE 147, 362. Zu diesem Urteil und der folgenden Entscheidung „Krabat“: *Uhle,* Integration durch Schule (Anm. 258), S. 541 ff.

263 Zu diesem Urteil siehe auch: *Stephan Rademacher,* Wenn Religionsfreiheit auf Schulpflicht trifft, RdJB 2014, S. 270 ff.

264 Dazu und zum Folgenden: BVerwGE 147, 362 (369); so später auch BVerwG, NVwZ 2014, 237 (240).

265 BVerwGE 147, 362 (370).

266 *Uhle,* Integration durch Schule (Anm. 258), S. 541 (543).

267 Dazu und zum Folgenden: *Uhle,* Integration durch Schule (Anm. 258), S. 541 (543); BVerwGE 147, 362 (370 f.).

das in Rede stehende Individualinteresse das gegenläufige Allgemeininteresse auch dann überwiegt, wenn es unter vergleichbaren Umständen mehrfach bzw. von einer Vielzahl von Grundrechtsträgern geltend gemacht, d.h. als allgemeine Maxime der Rechtsanwendung ins Auge gefasst wird." Überdies könne eine Unterrichtsbefreiung auch nicht hinreichend damit begründet werden, dass ein Befreiungsverlangen nur *eine einzelne Unterrichtsstunde* bzw. *eine überschaubare Zahl von Unterrichtseinheiten* betreffe oder der jeweilige Bildungsertrag dem Betroffenen gering erscheine, weil das auf eine unzulässige Ausblendung der Integrationsfunktion der Schule hinauslaufe.[268] Unter dem Strich hängt eine Unterrichtsbefreiung nunmehr vom sachlichen Gewicht der Beeinträchtigung der Glaubensfreiheit im Einzelfall ab, genauer: *"wenn die Beeinträchtigung den Umständen nach eine besonders gravierende Intensität aufweist.*"[269] Nur unter dieser Voraussetzung sei *"die rechtliche Wertung plausibel, dass die grundrechtliche Belastung durch die Verfassung nicht von vorneherein in Art. 7 Abs. 1 GG einberechnet ist. Ist diese Voraussetzung nicht erfüllt, kommt dem staatlichen Bildungs- und Erziehungsauftrag Vorrang zu. Einer weitergehenden Abwägung bedarf es dann nicht mehr; über die Zuordnung der konkurrierenden Positionen ist dann bereits abschließend, auf abstrakt-genereller Ebene durch die Verfassung entschieden.*"[270]

Doch auch das Vorliegen einer *gravierenden Beeinträchtigung* führt nach Ansicht des BVerwG nicht automatisch zu einem Zurücktreten des staatlichen Bestimmungsrechts im Schulwesen. Dies sei nur dann denkbar, *"sofern ein religiöses Verhaltensgebot aus Sicht des Betroffenen imperativen Charakter aufweist. Ein verlangtes Zuwiderhandeln gegen solche in unübersehbarer Zahl vorhandenen religiösen Überzeugungen, die lediglich in nicht abschließend bindender Weise Orientierung und Anleitung für eine in religiöser Hinsicht optimierte Lebensführung vermitteln sollen, rechtfertigt in keinem Fall einen Vorrang der religiösen Position.*"[271]

In der – rechtsdogmatisch betrachtet – durchaus als Parallelentscheidung zu wertenden sog. „Krabat" – Entscheidung des BVerwG vom 11. September 2013[272] haben sich die Eltern eines Schülers, die Angehörige der Zeugen Jehovas sind, aus religiösen Gründen gegen die Teilnahme ihres Sohnes an einer Unterrichtsveranstaltung ausgesprochen, in welcher ein Jugendfilm gezeigt wurde, in dem es u.a. um die Ausübung „schwarzer Magie" ginge. Das BVerwG bekräftigte, dass die Eltern gestützt auf religiöse Erziehungsvorstellungen nur in Ausnahmefällen die Befreiung ihrer Kinder von einer Unterrichtsveranstaltung verlangen können. Angehörigen der Zeugen Jehovas sei die Vorführung eines Jugendspielfilms zumutbar, selbst wenn es darin um das „Praktizieren schwarzer Magie" gehe. Das

268   *Uhle*, Integration durch Schule (Anm. 258), S. 541 (543).
269   BVerwGE 147, 362 (372).
270   BVerwGE 147, 362 (372).
271   BVerwGE 147, 362 (373).
272   BVerwG, NVwZ 2014, 237 (239).

religiöse Erziehungsrecht der Eltern aus Art. 6 Abs. 2 S. 1 i.V.m. Art. 4 Abs. 1 GG werde durch das via Art. 7 Abs. 1 GG gesicherte staatliche Bestimmungsrecht im Schulwesen eingeschränkt. Grundsätzlich stünden sich beide Rechtspositionen auf Verfassungsebene gleichrangig gegenüber[273], doch gebiete das Erfordernis der Schaffung praktischer Konkordanz bereits auf abstrakt-genereller Ebene eine wechselseitige Relativierung beider Verfassungspositionen, die im zugrundeliegenden Zusammenhang zu der *„allgemeinen Maßgabe führen, dass elterliche Anschauungen über die Beachtung bestimmter religiöser Verhaltensgebote für ihre Kinder von Seiten der Schule zwar nicht als prinzipiell unbeachtlich behandelt werden dürfen, die Eltern wegen solcher Anschauungen eine Unterrichtsbefreiung ihres Kindes aber nur in Ausnahmefällen beanspruchen können."*[274] Hinge der schulische Bildungsauftrag bzw. die tatsächlichen Unterrichtsgestaltungen von Inhalten ab, die von sämtlichen Glaubensstandpunkten aus akzeptabel erscheinen, wäre der Unterrichtsinhalt als solcher letztlich von einem religiös-weltanschaulichem Minimalkonsens abhängig. *„Das dies in einer religiös pluralen Gesellschaft weder praktisch möglich ist, noch mit Blick auf die Integrationsfunktion von Schule, verfassungsrechtlich intendiert sein kann, liegt auf der Hand."*[275]

Das BVerwG formuliert dabei an beide Seiten, sich „kompromisshaften Konfliktentschärfungen" im Bereich des Möglichen nicht zu entziehen.[276] Wer sich als Beteiligter einer solchen Konfliktentschärfung verweigere und annehmbare Ausweichmöglichkeiten ausschlage, müsse notfalls als Konsequenz hinnehmen, dass er sich nicht länger gegenüber dem anderen Beteiligten auf einen Vorrang seiner Rechtsposition berufen könne.[277] Nur wenn keine Ausweichmöglichkeit besteht und die Beeinträchtigung der religiösen Belange / des religiösen Erziehungsrechts dem Umstand nach eine besonders gravierende Intensität aufweist (insbesondere imperative Glaubenssätze in Rede stehen), ist an ein Zurückstehen von Art. 7 Abs. 1 GG zu denken.[278]

Das BVerfG hat den ursprünglichen Burkini-Rechtsstreit mittlerweile durch Beschluss vom 8. November 2016 (vorerst?) beendet, indem es die gegen das sog. „Burkini-Urteil" des BVerwG eingelegte Verfassungsbeschwerde[279] nicht zur Entscheidung angenommen hat. Weder kann sich die Beschwerdeführerin auf das grundgesetzlich geschützte religiöse Erziehungsrecht der Eltern im Wege der Verfassungsbeschwerde berufen, noch hat sie nach Ansicht der Karlsruher Richter eine mögliche Grundrechtsverletzung hinreichend substantiiert vorgetragen. Ins-

---

273   Vgl. BVerfGE 98, 218 (244).
274   BVerwG, NVwZ 2014, 237 (239).
275   BVerwG, NVwZ 2014, 237 (240).
276   BVerwG, NVwZ 2014, 237 (240 f.).
277   BVerwG, NVwZ 2014, S. 237 (241). So bereits BVerwGE 94, 82 (88 f.).
278   Vgl. BVerwG, NVwZ 2014, 237 (241, 242).
279   BVerfG, EuGRZ 2017, 303 ff. (= JA 2017, 236 [m. Anm. *Muckel*]).

besondere habe die Beschwerdeführerin nicht plausibel dargelegt, warum der Burkini zur Wahrung der islamischen Bekleidungsvorschriften nicht genügen soll.[280]

b. Europa- und menschenrechtliche Akzente in Sachen „Burkini"

Auch der *Europäische Gerichtshof für Menschenrechte*[281] hat jüngst in seinem Urteil vom 10. Januar 2017[282] die Auffassung vertreten, dass muslimische Mädchen am Schwimmunterricht teilnehmen müssen. Der obligatorische, bis zur Pubertät gemischt-geschlechtlich erteilte, Schwimmunterricht im schweizerischen Kanton Basel-Stadt sei konventionskonform. Zwar sei die durch Art. 9 Abs. 1 EMRK geschützte Religionsfreiheit beeinträchtigt, allerdings gebe es für die Beeinträchtigung eine hinreichende gesetzliche Grundlage[283] sowie das legitime Ziel, Schülerinnen vor der sozialen Ausgrenzung zu schützen. Der EGMR führt dazu aus:

„Der Gerichtshof teilt die Ansicht der Regierung, wonach die Maßnahme dem Ziel der Integration ausländischer Kinder mit verschiedenen Kulturen und Religionen diente, sowie dem ordnungsgemäßen Ablauf des Unterrichts, der Durchsetzung der Schulpflicht und der Geschlechtergleichheit. Die Maßnahme bezweckte insbesondere, ausländische Schüler vor jeglicher Erfahrung sozialer Ausgrenzung zu schützen. Der Gerichtshof ist bereit zu akzeptieren, dass diese Elemente dem Schutz der Rechte und Freiheiten anderer oder dem Schutz der Ordnung i.S.v. Art. 9 Abs. 2 der Konvention zuzuordnen sind (…)".[284]

---

280 BVerfG, EuGRZ 2017, 303 (306). *Uhle,* Schulische Integration und elterliches Erziehungsrecht (Anm: 258), S. 849 (860) weist auf den interessanten Umstand hin, dass die Kammer nicht nur von der Möglichkeit einer ausbleibenden Beschlussbegründung absieht (§ 93d Abs. 1 S. 3 BVerfGG), sondern darüber hinaus in den anschließenden Ausführungen keinerlei Zweifel an den Urteilsgründen des BVerwG aus verfassungsrechtlicher Perspektive äußert. Die Rechtsprechungslinie des BVerwG dürfte also für einige Zeit verfassungsrechtlich sanktioniert sein.

281 Innerhalb der deutschen Rechtsordnung stehen die EGMR und ihre Zusatzprotokolle – soweit sie für die Bundesrepublik Deutschland in Kraft getreten sind – im Range eines Bundesgesetzes (vgl. Art. 59 Abs. 2 GG). Diese Rangzuweisung führt dazu, dass deutsche Gerichte die Konvention wie anderes Gesetzesrecht des Bundes im Rahmen methodisch vertretbarer Auslegung zu beachten und anzuwenden haben. Die Europäische Menschenrechtskonvention ist zudem nach Rspr. des BVerfG „im Rahmen des methodisch Vertretbaren" als Auslegungshilfe bei der Auslegung der Grundrechte und rechtsstaatlichen Grundsätze des Grundgesetzes heranzuziehen. Auch Gesetze sind im Einklang mit den völkerrechtlichen Verpflichtungen der Bundesrepublik aus der Menschenrechtskonvention auszulegen und anzuwenden. Die Gewährleistungen der Europäischen Menschenrechtskonvention und ihrer Zusatzprotokolle sind allerdings in der deutschen Rechtsordnung kein unmittelbarer verfassungsrechtlicher Prüfungsmaßstab (vgl. Art. 93 Abs. 1 Nr. 4a GG, § 90 Abs. 1 BVerfGG).

282 EGMR, EuGRZ 2017, 249 ff.

283 EGMR, EuGRZ 2017, 249 (254).

284 EGMR, EuGRZ 2017, 249 (255).

Der Gerichtshof tritt der Auffassung der Eltern, die einen privaten Schwimm-unterricht ins Spiel gebracht haben, dezidiert entgegen und betont, *„dass es nicht ausschließlich darum geht, dass die Kinder eine körperliche Aktivität ausüben oder schwimmen lernen – an sich Ziele, die rechtmäßig sind –, sondern mehr noch, ge-meinsam zu lernen und die Tätigkeit zusammen auszuüben. (...)"*[285] Darüber hin-aus teilt der Gerichtshof die Ansicht der schweizerischen Regierung, wonach die Beschwerdeführer keinerlei Beweise für die Behauptung erbracht hätten, dass das Tragen des Burkinis eine „stigmatisierende Wirkung" auf das Mädchen hätte und anerkennt somit zugleich, dass diese Option seitens der Schweizer Behörden ein „bedeutsames Zugeständnis" sei.

Das Urteil des EGMR stellt europaweit bedeutsame Eckpfeiler auf, die in den in den zahlreichen europäischen Konventionsstaaten die weitere Diskussion und Entwicklung beeinflussen werden.[286] Weniger in der methodischen Herleitung als eher im Grundduktus sucht es dabei durchaus die Nähe zur deutschen Lösungs-findung und betont, dass der Burkini durchaus ein Mittel zur Konfliktentschär-fung zwischen elterlichen und schulischen Interessen sein könnte.

c. Würdigung

Der Wunsch einer Schülerin, islamischen Glaubens- und Bekleidungsvorschrif-ten konform zu leben, wirkt im Spannungsfeld der Grundrechte aus Art. 4 Abs. 1 und 2 GG, dem elterlichen Erziehungsrecht aus Art. 6 Abs. 2 S. 1 (i.V.m. Art. 4 Abs. 1 GG) sowie dem staatlichen Bildungs- und Erziehungsauftrag (Art. 7 Abs. 1 GG). Die Besonderheit zu den vorgenannten Burka- oder Kopftuchfällen besteht darin, dass das Tragen muslimisch konnotierter Schwimmbekleidung vorliegend als annehmbare Konfliktlösungsoption im Spannungsfeld zwischen Art. 4 und Art. 7 GG gewürdigt wird! Die Unzumutbarkeit, den Burkini zu tragen, muss im Rahmen der gerichtlichen Auseinandersetzung erst plausibel vorgetragen wer-den, wenn im absoluten Einzel- und Ausnahmefall Befreiungsansprüche vom Schwimmunterricht entstehen sollen.

Die Entscheidungen des BVerwG in diesem Kontext sind Gegenstand anhal-tender wissenschaftlicher Debatten.[287] Nicht ganz zu Unrecht wird hinterfragt, ob es in der Rechtssache „Burkini" und in der Folge in „Krabat" der Entwicklung und Bestätigung eines „Zwei-Stufen-Modells" gebraucht hätte, anhand dessen

---

285 EGMR, EuGRZ 2017, 249 (259).
286 Gerade mit Blick auf die Situation in Frankreich dürften sich neue Impulse ergeben.
287 Neben den bereits genannten siehe auch: *Tristan Barczak,* Die Entwicklung des Schul-verwaltungs- und Schulverfassungsrechts. Eine Rechtssprechungsanalyse, NVwZ 2014, 1556 ff.; *Anger,* Sport und Islam in der Schule (Anm. 258), S. 96 ff.; *Stefan Huster,* End-lich: Abschichtung statt Abwägung, DÖV 2014, 860 ff.; *Markus Winkler,* Anmerkung zu BVerwG, Urt. v. 11.9.2013, 6 C 25.12, JZ 2014, 143 f.

das Vorliegen eines Ausnahmefalls festgestellt werden kann, ab welchem Unterrichtsbefreiungen denkbar sind, oder ob man zu derartigen Ergebnissen nicht auch im Rahmen einer regulären Konkordanzprüfung hätte gelangen können.[288] Ebenso könnte geprüft werden, ob und inwieweit es zu (neuen) Bereichsscheidungen von schulischem und elterlichem Erziehungsrecht durch die neue Rspr. des BVerwG gekommen ist.[289] Nicht zuletzt werfen möglicherweise die mehrmals vom BVerwG angesprochenen „wechselseitigen Relativierungen"[290] der konfligierenden Verfassungspositionen auf abstrakt-genereller Ebene – vielleicht nicht nur terminologisch – weitere Fragen auf.[291]

Ohne an dieser Stelle auf die einzelnen Streitstände näher eingehen zu können, dürfte unter dem Strich – für die Praxis – festzuhalten bleiben, dass es nach der derzeitigen Linie des BVerwG wohl fortan kaum noch Raum für schulische Befreiungsansprüche aus Gründen der Religionsfreiheit gibt.[292]

Vor dem Hintergrund eines integrativen, auf die Einhaltung gemeinsamer Werte, Spiel- und Verhaltensregeln in einer religiös-weltanschaulich ausdifferenzierter werdenden Welt pochenden Schul- und Bildungsinteresses des Staates, ist dies zu begrüßen. *„Die religiös begründete Scham vor Entblößung genießt zwar grundrechtlichen Schutz. Doch diese führt im konkreten Fall nicht zu einem Befreiungsanspruch, da mit dem Burkini eine zumutbare Möglichkeit besteht, den Konflikt zwischen religiösem Interesse und Teilnahmepflicht zu entschärfen, der Anblick von leichtbekleideten Mitmenschen zum Alltag auch außerhalb von Schule gehört und körperliche Kontakte durch organisatorische Vorkehrungen vermieden werden können."*[293]

---

288 So etwa *Uhle*, Integration durch Schule (Anm. 258), S. 541 (548).

289 *Heinig*, Religionsfreiheit im Schul- und Mitgliedschaftsrecht (Anm. 258), S. 202 (209, 211); *Rademacher*, Wenn Religionsfreiheit auf Schulpflicht trifft (Anm. 263), S. 270 (276). Sehr instruktiv: *Matthias Jestaedt*, Religiöses Elternrecht und staatlicher Erziehungsauftrag. Konkurrenz der Relationierungsmuster, ZevKR 62 (2017), S. 152 ff.

290 BVerwGE 147, 362 (365); BVerwG, NVwZ 2014, 237 (239).

291 *Jestaedt*, Religiöses Elternrecht und staatlicher Erziehungsauftrag (Anm. 289), S. 152 (172); *Bodo Pieroth / Bernhard Schlink*, Grundrechte. Staatsrecht II[29], Rn. 336 ff. fragen, ob durch eine solche, vom Einzelfall abhängige Verkürzung des grundrechtlichen Schutzbereichs nicht der Gesetzesvorbehalt seiner Funktion beraubt wird. Zustimmend: *Rademacher*, Wenn Religionsfreiheit auf Schulpflicht trifft (Anm. 263), S. 270 (272, Anm. 22).

292 *Heinig*, Religionsfreiheit im Schul- und Mitgliedschaftsrecht (Anm. 258), S. 202 (209); ähnlich *Muckel*, JA 2017, 236 (238); *Uhle*, Schulische Integration und elterliches Erziehungsrecht (Anm. 258), S. 849 (869 f.).

293 *Heinig*, Religionsfreiheit im Schul- und Mitgliedschaftsrecht (Anm. 258), S. 202 (212).

IV. Religiöse Kleidung / Symbolik bei Lehrkräften an öffentlichen Schulen

Die Fallgestaltungen religiöser Symbolik und Kleidung bei *Lehrkräften* an öffentlichen Schulen unterscheiden sich in mehrfacher Hinsicht von den Kollisionslagen im Verhältnis Schülerin/Schüler – Schule, geht es doch hier um die voraussetzungsvollen Fragen, ob und inwieweit das (beamtenrechtliche) Dienstverhältnis des Lehrers/der Lehrerin, seine Aufgabenwahrnehmung als Repräsentant / Organwalter des religiös-weltanschaulich neutralen Gemeinwesens die individuelle Grundrechtsausübung überlagern kann, ja sogar, ob die religiöse Identität und ihre Zurschaustellung beachtliche Eignungsanforderungen für die Verwendung im öffentlichen Dienst darstellen.

1. Die Rechtsprechung des BVerfG zum Kopftuch der muslimischen Lehrerin

Mit Blick auf die umfangreiche, kaum noch zu überblickende Literatur zur Rechtmäßigkeit des „Kopftuchs der muslimischen Lehrerin"[294] seien im Folgenden nur die *wesentlichen Leitlinien* dargestellt. In eine umfassende Einzelfallwürdigung unter Darstellung aller in Betracht kommenden Rechts- und Sachfragen wird nicht eingetreten.

a. Von der abstrakten zur konkreten Gefahr für den Schulfrieden und die staatliche Neutralität

Ausgangspunkt der Problematik und ein Meilenstein in der verfassungsgerichtlichen Rechtsprechung zur Religionsfreiheit war das Urteil des BVerfG v. 24. September 2003[295] zum Kopftuch einer muslimischen Lehrerin an einer öffentlichen Schule.

---

294 Aus der Vielzahl der monographischen Stellungnahmen seien genannt: *Rudolf Steinberg,* Kopftuch und Burka. Laizität, Toleranz und religiöse Homogenität in Deutschland und Frankreich, Baden-Baden 2015; *Pottmeyer,* Religiöse Kleidung (Anm. 23); *Sarah Ganz,* Das Tragen religiöser Symbole und Kleidung in der öffentlichen Schule in Deutschland, Frankreich und England. Eine rechtsvergleichende Untersuchung unter Berücksichtigung der EMRK, Berlin 2009; *Katharina Haupt,* Verfassungsfragen zum muslimischen Kopftuch von Erzieherinnen in öffentlichen Kindergärten, Frankfurt a.M. 2010; *Michael Kögl,* Religionsgeprägte Kleidung des Lehrers, Frankfurt a.M. 2006; *Mann,* Das Kopftuch der muslimischen Lehramtsanwärterin (Anm. 25); *Lanzerath,* Religiöse Kleidung und öffentlicher Dienst (Anm. 15); *Anger,* Islam in der Schule (Anm. 46); umfassende Literaturnachweise zur im Kontext der Kopftuch-I-Entscheidung entbrannten Diskussion bei *Axel v. Campenhausen / Heinrich de Wall,* Staatskirchenrecht, 4. Aufl., München 2006, S. 72 ff.
295 BVerfGE 108, 282.

Dem Urteil zugrunde lag die Verfassungsbeschwerde einer 1971 in Kabul geborenen, mittlerweile die deutsche Staatsangehörigkeit besitzenden Lehrerin für Deutsch, Englisch und Wirtschaftslehre. Aus religiöser Überzeugung trug sie das muslimische Kopftuch. Den Antrag der Lehrerin auf Einstellung in den Schuldienst an Grund- und Hauptschulen des Landes Baden-Württemberg lehnte das zuständige Oberschulamt wegen mangelnder persönlicher Eignung ab, da sie nicht bereit war, im Schuldienst ihr Kopftuch abzulegen. Die mit „dem Kopftuch verbundene objektive Wirkung kultureller Desintegration"[296] lasse sich mit dem Gebot der staatlichen Neutralität nicht vereinbaren.

Das BVerfG gab der Verfassungsbeschwerde statt. Ein Verbot für Lehrkräfte, in der Schule und im Unterricht ein Kopftuch zu tragen, finde im geltenden Recht des Landes Baden-Württemberg keine hinreichend bestimmte gesetzliche Grundlage. Das Befolgen einer islamischen Bekleidungsregel sei Ausdruck des religiösen Bekenntnisses der Lehrerin und daher von Art. 4 Abs. 1 und 2 GG geschützt. Das Einbringen religiöser oder weltanschaulicher Bezüge in Schule und Unterricht durch Lehrkräfte könne den in Neutralität zu erfüllenden staatlichen Erziehungsauftrag, das elterliche Erziehungsrecht und die negative Glaubensfreiheit der Schülerinnen und Schüler beeinträchtigen.[297] Es eröffne zumindest die Möglichkeit einer Beeinflussung der Schulkinder sowie von Konflikten mit Eltern, die zu einer Störung des Schulfriedens führen und die Erfüllung des Erziehungsauftrags der Schule gefährden können. Auch die religiös motivierte und als Kundgabe einer Glaubensüberzeugung zu interpretierende Bekleidung von Lehrern könne diese Wirkungen haben. Dabei handele es sich aber lediglich um abstrakte Gefahren. Sollen bereits derartige bloße Möglichkeiten einer Gefährdung oder eines Konflikts aufgrund des Auftretens der Lehrkraft und nicht erst ein konkretes Verhalten, das sich als Versuch einer Beeinflussung oder gar Missionierung der anvertrauten Schulkinder darstellt, als Verletzung beamtenrechtlicher Pflichten oder als die Berufung in das Beamtenverhältnis hindernder Mangel der Eignung bewertet werden, so setzt dies, weil damit die Einschränkung des vorbehaltlos gewährten Grundrechts aus Art. 4 Abs. 1 und 2 GG einhergeht, eine hinreichend bestimmte gesetzliche Grundlage voraus, die dies erlaubt.

Das BVerfG hat in seinem „Kopftuch I" – Urteil im Zusammenhang mit der Feststellung eines Grundrechtseingriffs hervorgehoben, dass es für die Bewertung eines Symbols als „religiöses Symbol" auf den „objektiven Empfängerhorizont" ankomme. Die besondere Intensität der Einwirkung religiöser Symbole in der Schule wird – wie auch im Kontext der sog. „Kruzifix-Rechtsprechung"[298] –

---

296 So argumentierte das Oberschulamt Stuttgart, um die Einstellung der Beschwerdeführerin zu untersagen, siehe BVerfGE 108, 282 (284). S.a.: *Fereshta Ludin / Sandra Amed*, Enthüllung der Fereshta Ludin. Die mit dem Kopftuch, Berlin 2015.

297 Zum Folgenden: BVerfGE 108, 282 (303).

298 BVerfGE 93, 1.

mit der fehlenden Ausweichmöglichkeit begründet.[299] Im Unterschied zum Kreuz im Klassenzimmer handelt es sich aber beim Kopftuch nicht per se um ein religiöses Symbol – diese Qualität erhält es erst im Zusammenhang mit der Person, die es trägt.[300] Die Karlsruher Richter bringen im schulischen Kontext allerdings ausdrücklich die Befugnis des Gesetzgebers ins Spiel, eine Beschränkung der Religionsfreiheit für den Fall einer abstrakten Gefahr für den Schulfrieden bzw. die staatliche Neutralität vorzusehen. In diesem Zusammenhang gab der Senat dem Staat bereits in Leitsatz 2 des Urteils die Frage/Handlungsoption mit auf den Weg, ob der mit zunehmender religiöser Pluralität verbundene gesellschaftliche Wandel für den Gesetzgeber Anlass zu einer Neubestimmung des zulässigen Ausmaßes religiöser Bezüge in der Schule sein kann.

In unmittelbarer Konsequenz dieses Urteils haben einige Bundesländer ihre schulgesetzlichen Bestimmungen angepasst und erließen de facto „Kopftuchverbote" für den Bereich der öffentlichen Schulen. Je nach Bundesland reichten diese – mitunter auch sprachlich durchaus variierenden (und dem Grunde nach wohl im Duktus des Minderheitenvotums bleibend!) – Kopftuchverbote unterschiedlich weit. Hat der Berliner Landesgesetzgeber etwa im sog. Neutralitätsgesetz (s.u.) eine strikte, jedwedes religiös-weltanschauliche Bekenntnis durch die individuelle Kleidungswahl ausschließende, Regelung getroffen, war etwa der Regelung in Nordrhein-Westfalen einerseits ein Differenzierungs- und Abschichtungsversuch anzumerken, andererseits durchaus das Bestreben, ein „Privilegium Christianum" irgendwie normativ zu fixieren. So lautete die Vorschrift des § 57 Abs. 4 SchulG NRW[301]: *„Lehrerinnen und Lehrer dürfen in der Schule keine politischen, religiösen, weltanschaulichen oder ähnliche äußere Bekundungen abgeben, die geeignet sind, die Neutralität des Landes gegenüber Schülerinnen und Schülern sowie Eltern oder den politischen, religiösen oder weltanschaulichen Schulfrieden zu gefährden oder zu stören. Insbesondere ist ein äußeres Verhalten unzulässig, welches bei Schülerinnen und Schülern oder den Eltern den Eindruck hervorrufen kann, dass eine Lehrerin oder ein Lehrer gegen die Menschenwürde, die Gleichberechtigung nach Artikel 3 des Grundgesetzes, die Freiheitsgrundrechte oder die freiheitlich-demokratische Grundordnung auftritt. Die Wahrnehmung des Erziehungsauftrags nach Artikel 7 und 12 Abs. 6 der Verfassung des Landes Nordrhein-Westfalen und die entsprechende Darstellung christlicher und abendländischer Bildungs- und Kulturwerte oder Traditionen widerspricht nicht dem Verhaltensgebot nach Satz 1. Das Neutralitätsgebot des Satzes 1 gilt nicht im Religionsunterricht und in den Bekenntnis- und Weltanschauungsschulen."*

---

299 BVerfGE 108, 282 (305 f.).
300 *Peter Unruh*, Religionsverfassungsrecht³, Rn. 113.
301 Schulgesetz für das Landes Nordrhein-Westfalen vom 15. Februar 2006 (GV.NW 2006, S. 102) i.d.F. des ersten Gesetzes zur Änderung des Schulgesetzes vom 13. Juni 2006 (GV. NW 2006, S. 270).

Neue und teils durchaus überraschende Akzente setzt nunmehr der Beschluss des BVerfG vom 27. Januar 2015[302]. Die nordrhein-westfälische „Kopftuchvorschrift" des § 57 Abs. 4 S. 3 SchulG NRW wurde als mit Art. 3 Abs. 3 S. 1 und mit Art. 33 Abs. 3 GG unvereinbar und damit als nichtig eingestuft. Zugunsten der beiden muslimischen Beschwerdeführerinnen urteilte das BVerfG, dass das Grundrecht auf Glaubens- und Bekenntnisfreiheit (Art. 4 Abs. 1 und 2 GG) auch den Lehrkräften in der öffentlichen bekenntnisoffenen Gemeinschaftsschule die Freiheit gebe, einem aus religiösen Gründen als verpflichtend verstandenen Bedeckungsgebot zu folgen, wie dies etwa durch das Tragen eines islamischen Kopftuchs der Fall sein kann. Ein bestehendes, landesweites gesetzliches Verbot religiöser Bekundungen durch das äußere Erscheinungsbild schon wegen der bloß abstrakten Eignung zur Begründung einer Gefahr für den Schulfrieden oder die staatliche Neutralität in einer öffentlichen bekenntnisoffenen Gemeinschaftsschule ist unverhältnismäßig, wenn dieses Verhalten nachvollziehbar auf ein als verpflichtend verstandenes religiöses Gebot zurückzuführen ist. Ein angemessener Ausgleich der verfassungsrechtlich verankerten Positionen – der Glaubensfreiheit der Lehrkräfte, der negativen Glaubens- und Bekenntnisfreiheit der Schülerinnen und Schüler sowie der Eltern, des Elterngrundrechts und des staatlichen Erziehungsauftrags – erfordert eine einschränkende Auslegung der Verbotsnorm, nach der zumindest eine hinreichend konkrete Gefahr für die Schutzgüter vorliegen muss.

Diese Rechtsprechung wurde mittlerweile durch den Kammerbeschluss des BVerfG vom 18. Oktober 2016[303] erneut bestätigt und ausdrücklich auf den Bereich der öffentlichen Kindertagesstätten übertragen. Eine bloß abstrakte Gefährdung des Einrichtungsfriedens oder der Neutralität staatlicher Kindergartenträger genüge auch dort nicht, um ein Kopftuchverbot für die Mitarbeiterinnen zu begründen.[304]

b. Würdigung / zukünftige Problemlagen

Die nicht unerhebliche Rechtsprechungswende des BVerfG hat nicht nur Zustimmung[305], sondern mitunter erhebliche Kritik erfahren.[306]

---

302 BVerfGE 138, 296.
303 BVerfG-K, NVwZ 2017, 549 ff.
304 Siehe dazu – mit durchaus beachtlichen Gegengründen – *Andrea Edenharter*, Vollverschleierungsverbote im Bildungs- und Erziehungsbereich, DÖV 2018, 351 (354 f.).
305 *Klein*, Das Kopftuch im Klassenzimmer (Anm. 65), S. 464 ff.
306 *Christine Langenfeld*, Fängt der Streit um das Kopftuch jetzt erst an? Anmerkungen zur zweiten Kopftuchentscheidung des Bundesverfassungsgerichts, ZevKR 60 (2015), S. 420 ff.; *Uwe Volkmann*, Dimensionen des Kopftuchs, Jura 2015, 1083 ff.; *Sacksofsky*, Kopftuch als Gefahr (Anm. 65), S. 801 ff.; lesenswert: *Matthias Jestaedt*, Staatliche Neutralität in Zei-

In positiver Hinsicht zu würdigen ist zunächst, dass das BVerfG in den Kopf-
tuchbeschlüssen aus 2015 und 2016 die Gelegenheit auch dahingehend genutzt
hat, das Verständnis der religiös-weltanschaulichen Neutralität des Staates weiter
zur schärfen und einer laizistischen Auslegung dieses Grundsatzes eine Absage
zu erteilen. Die dem Staat gebotene weltanschaulich-religiöse Neutralität ist nicht
als eine distanzierende im Sinne einer strikten Trennung von Staat und Kirche
zu verstehen, sondern als eine offene und übergreifende, die Glaubensfreiheit für
alle Bekenntnisse gleichermaßen fördernde Haltung.[307] Die erste Kopftuchentscheidung aus 2003 ermöglichte dem Landesgesetzgeber durchaus, in der Kopftuchfrage ein distanzierendes Trennungsmodell zu verfolgen.[308] Diese Option
wurde nunmehr aufgegeben.

Mit Blick auf das gefundene Ergebnis bleiben aber gewichtige Fragen offen: Der
1. Senat weicht im Ergebnis recht deutlich von der Rechtsprechung des 2. Senats ab, ohne nach Ansicht mancher Beobachter die Gründe dafür hinreichend
kenntlich zu machen.[309] Hat der 2. Senat noch eine abstrakt-generelle Regelung
zum Verbot religiös konnotierter Kleidung von Lehren an öffentlichen Schulen
auf einer hinreichend bestimmten gesetzlichen Grundlage für möglich gehalten,
sieht der 1. Senat genau darin nun einen Verstoß gegen die individuelle Religionsfreiheit, da ein Verbot nur im Falle einer konkreten Gefahr für den Schulfrieden
verhältnismäßig sei. In den Details der konkreten Zuordnung der abzuwägenden
Rechtsgüter ist der 1. Senat nunmehr grundlegend anderer Ansicht – möglicherweise hätte er aber eine gemeinsame Streitentscheidung des gesamten Gerichts
herbeiführen müssen (sog. Divergenzvorlage, § 16 BVerfGG).[310] Auf diesem
Wege hätte man die Frage des Kopftuchs der muslimischen Lehrerin vielleicht
einer profunderen, weniger spannungsreichen Lösung zuführen können. Denn
die Nichtannahme einer Beeinflussung der Schülerinnen und Schüler durch das
Kopftuch erstaunt ebenso wie die mit Recht festgestellte Geringschätzung der negativen Religionsfreiheit der Schülerinnen und Schüler sowie des elterlichen Er-

---

ten zunehmender Säkularisierung und religiöser Pluralisierung, in: Bitburger Gespräche
Jahrbuch 2017, S. 43 ff.

307 Vgl. BVerfGE 41, 29 (49 f.); 93, 1 (16); 108, 282 (300).
308 *Hans Michael Heinig, Kurswechsel in der Kopftuchfrage: nachvollziehbar, aber mit negativen
Folgewirkungen, VerfBlog,* 2015/3/13, http://verfassungsblog.de/kurswechsel-in-der-kopf-
tuchfrage-nachvollziehbar-aber-mit-negativen-folgewirkungen/ (letzter Zugriff: Juni 2018).
309 Vgl. etwa *Volkmann,* Dimensionen des Kopftuchs (Anm. 306), S. 1083 (1087).
310 *Heinig,* Kurswechsel in der Kopftuchfrage (Anm. 308) (letzter Zugriff: Juni 2018). Ebenfalls befürwortend: *Langenfeld,* Fängt der Streit um das Kopftuch jetzt erst an? (Anm. 306),
S. 420 (421); wohl auch *Volkmann,* Dimensionen des Kopftuchs (Anm. 306), S. 1083
(1090). Dagegen: *Rusteberg,* Kopftuchverbote als Mittel zur Abwehr nicht existenter Gefahren (Anm. 65), S. 637 (639).

ziehungsrechts.[311] Unklar bleibt überdies, ab wann die staatliche Neutralität bzw. der Schulfrieden konkret und endgültig gefährdet ist.[312]

Als weitaus problematischer dürfte sich indes die Frage herausstellen, ab wann nach den Vorstellungen des BVerfG der Gesetzgeber bzw. die Schule selbst (!) vom Eintritt einer konkreten Gefährdungslage ausgehen darf. Ungeachtet der vielleicht bestehenden Fragwürdigkeit der Übertragung gefahrabwehrrechtlicher Rechtsbegriffe und -ansichten in den Bereich des öffentlichen Schulwesens[313], wirken die Karlsruher Vorgaben aus schulpraktischer Perspektive schwer umsetzbar.

Der individuellen Glaubensfreiheit der Lehrerin würde im Rahmen einer Gesamtabwägung dann möglicherweise weniger Gewicht zuteil, wenn etwa eine Situation vorliegt, *„in der – insbesondere von älteren Schülern oder Eltern – über die Frage des richtigen religiösen Verhaltens sehr kontroverse Positionen mit Nachdruck vertreten und in einer Weise in die Schule hineingetragen würden, welche die schulischen Abläufe und die Erfüllung des staatlichen Erziehungsauftrages ernsthaft beeinträchtigte, sofern die Sichtbarkeit religiöser Überzeugungen und Bekleidungspraktiken diesen Konflikt erzeugte oder schürte.“*[314]

Bei Vorliegen einer solchermaßen begründeten hinreichend konkreten Gefahr sei es den grundrechtsberechtigten Pädagoginnen und Pädagogen mit Rücksicht auf alle in Rede und gegebenenfalls in Widerstreit stehenden Verfassungsgüter zumutbar, „von der Befolgung eines nachvollziehbar als verpflichtend empfundenen religiösen Bedeckungsgebots Abstand zu nehmen, um eine geordnete, insbesondere die Grundrechte der Schüler und Eltern sowie das staatliche Neutralitätsgebot wahrende Erfüllung des staatlichen Erziehungsauftrags sicherzustellen. Aber auch dann wird die Dienstbehörde im Interesse des Grundrechtsschutzes der Betroffenen zunächst eine anderweitige pädagogische Verwendungsmöglichkeit mit in Betracht zu ziehen haben.“

Das BVerfG erkennt ein verfassungsrechtlich anzuerkennendes Bedürfnis, religiöse Bekundungen durch das äußere Erscheinungsbild nicht erst im konkreten Einzelfall, sondern etwa für bestimmte Schulen oder Schulbezirke über eine gewisse Zeit auch *allgemeiner* zu unterbinden, in den Fällen an, in denen aufgrund „substantieller Konfliktlagen über das richtige religiöse Verhalten bereichsspezifisch die Schwelle zu einer hinreichend konkreten Gefährdung oder Störung des Schulfriedens oder der staatlichen Neutralität in einer beachtlichen Zahl von Fällen erreicht" wird. Der Gesetzgeber könne solchen Situationen auch

---

311 Dazu *Langenfeld*, Fängt der Streit um das Kopftuch jetzt erst an? (Anm. 306), S. 420 (424 ff.).
312 *Sacksofsky*, Kopftuch als Gefahr (Anm. 65), S. 801 (806), vermutet, dass dies vielleicht erst dann der Fall sein könnte, wenn alle Lehrerinnen Kopftuch tragen würden und nach außen hin der Eindruck entstehe, dies sei staatlich vorgegeben.
313 Mit Recht *Heinrich Amadeus Wolff*, Urteilsanmerkung, BayVBl. 2015, 489 (492): „Schulrecht ist kein Gefahrenabwehrrecht".
314 Dazu und zum Folgenden: BVerfGE 138, 296 (341).

vorbeugend „durch bereichsorientierte Lösungen Rechnung tragen. Dabei hat er, gerade in großen Ländern, die Möglichkeit, differenzierte, beispielsweise örtlich und zeitlich begrenzte Lösungen vorzusehen, gegebenenfalls etwa unter Zuhilfenahme einer hinreichend konkretisierten Verordnungsermächtigung. Auch im Falle einer solchen Regelung wird im Interesse der Grundrechte der Betroffenen zunächst eine anderweitige pädagogische Verwendungsmöglichkeit in Betracht zu ziehen sein."[315]

Nachvollziehbar erscheint insofern auch die Einschätzung, dass die konkrete Problemlösungsstrategie nun zu einem guten Teil in die Hände der Schulleitungen übertragen wurde.[316] Diese müssen de facto für ihren schulischen Verantwortungsbereich einer Gefährdungsanalyse vornehmen, ob das vorliegende Maß an offen gelebter religiös-weltanschaulicher Symbolik eine hinreichend konkrete Gefahr für den Schulfrieden oder die Neutralität des Staates bedeutet. Welche „Eskalationsstufe" nötig ist und welche „Befriedungsmaßnahmen" eine Schule bereits unternommen haben muss, um ein allgemeines Kopftuchverbot in Betracht zu ziehen, bleibt offen.

Auch der Göttinger Staatskirchenrechtler *Hans Michael Heinig* bleibt skeptisch, ob die *„nun gebotenen Einzellösungen vor Ort mehr Rechtsfrieden bringen als eine gesetzliche Entscheidung für das ganze Land. Die Ortsnähe berücksichtigt die konkreten Umstände bei der Bewertung, ob der Schulfrieden tatsächlich gefährdet ist, kann aber auch konfliktverschärfend wirken und bringt neue Ungleichbehandlungen, wenn das Kopftuch in Duisburg verboten und in Münster zugelassen wird."*[317]

Die heutige Richterin des Bundesverfassungsgerichts *Christine Langenfeld* äußert die Sorge, dass in gewisser Weise die Missbilligung des Grundrechtsgebrauchs durch Dritte, namentlich die Eltern, „prämiert" werden könnte.[318] Je intoleranter, aufgebrachter und organisierter sich diese gegenüber der Präsenz des muslimischen Kopftuchs zeigen, umso eher könnten sich Schulleitungen bzw. der Staat zum Handeln veranlasst sehen. Unter dem Strich werden aber erst die kommenden Jahre zeigen, ob diese Gefahr tatsächlich begründet ist oder ob nicht doch bei Eltern und Schülern eine relativ hohe Toleranzschwelle besteht.

---

315 BVerfGE 138, 296 (342).
316 *Rusteberg*, Kopftuchverbote als Mittel zur Abwehr nicht existenter Gefahren (Anm. 65), S. 637 (644).
317 *Heinig*, Kurswechsel in der Kopftuchfrage (Anm. 308) (letzter Zugriff: Juni 2018).
318 *Langenfeld*, Fängt der Streit um das Kopftuch jetzt erst an? (Anm. 306), S. 420 (427).

2. Reaktionen der Landesgesetzgeber infolge des sog. „Kopftuch II"-Beschlusses unter besonderer Würdigung der Rechtsverhältnisse in Berlin

Die Reaktionen der – insgesamt acht den Themenkomplex überhaupt regelnden – Landesgesetzgeber auf den Kopftuch-II-Beschluss des BVerfG waren uneinheitlich.[319] Die nordrhein-westfälische Landesregierung hat zeitnah nach der Entscheidung aus Karlsruhe die entsprechenden schulgesetzlichen Vorschriften angepasst und novelliert.[320] Die Bundesländer Bremen und Niedersachsen verändern die tatsächliche Anwendungspraxis, nicht aber den Wortlaut des jeweiligen Schulgesetzes.[321]

Die Schulgesetze von Baden-Württemberg[322], Bayern[323], dem Saarland[324] und Hessen[325] enthalten mitunter neben einem pauschalen Kopftuchverbot auch die vom BVerfG beanstandete Privilegierung christlicher Bildungs- und Kulturwerte. Im Falle Hessens gelten beide Regelungen zusätzlich im Beamtengesetz.[326] In all diesen Bundesländern wurde der Gesetzestext nicht verändert.

Gegenstand besonders kritischer An- und Rückfragen ist schließlich die immer noch bestehende Rechtslage in Berlin mit dem sog. „Neutralitätsgesetz".[327] Auf der Grundlage eines besonderen rigiden Verständnisses von staatlicher Neutralität wird es Lehrkräften und anderen Beschäftigten mit pädagogischem Auftrag (§ 2), ebenso wie Beamtinnen und Beamten, die in den Bereichen Rechtspflege, Justizvollzug oder Polizei beschäftigt sind (§ 1), untersagt, während des Dienstes sichtbare religiöse oder weltanschauliche Symbole zu tragen. Ausnahmen bestehen etwa für den Religions- und Weltanschauungsunterricht (§ 2 S. 2) oder

---

319 Näher dazu: *Markus Schulten*, Die Reaktionen der Landesgesetzgeber auf den Kopftuchbeschluss des Bundesverfassungsgerichts vom 27. Januar 2015, Az. 1 BvR 471/10 bzw. 1181/10, in: Kirche und Recht 2015, S. 168 ff.

320 Landtag NRW, Drucksachen 16/8441 sowie 16/8999.

321 Auch dabei treten rechtsförmliche Unterschiede auf: Die Bremer Senatorin für Bildung und Wissenschaft, Eva Quante-Brandt (SPD), beließ es bei einem *ministeriellen Schreiben* an alle Schulleiter, wonach Kopftücher bei Lehrpersonen nunmehr uneingeschränkt erlaubt seien und das Schulgesetz verfassungskonform ausgelegt werde. In Niedersachsen bewirkt nunmehr der *Runderlass des Kultusministeriums* vom 26.8.2015 (SVBl. 2015, S. 419 f.) nunmehr die „geltungserhaltende" Anwendung der bestehenden präventiven Verbotsvorschrift im niedersächsischen Schulgesetz.

322 § 38 Abs. 2 SchulG BW.

323 Art. 59 Abs. 2 S. 3 BayEUG.

324 § 1 Abs. 2 SchulOG.

325 § 86 Abs. 3 HessSchulG.

326 § 45 HessLBG.

327 Offizieller Titel: „Gesetz zur Schaffung eines Gesetzes zu Artikel 29 der Verfassung von Berlin und zur Änderung des Kindertagesbetreuungsgesetzes" vom 27. Januar 2005 (GVBl. 2005, S. 92).

für die Tätigkeit in Bereichen der Rechtspflege, die nicht Ausübung von Hoheitsgewalt darstellen (§ 1 S. 2).

Vom Wortlaut des Gesetzes her (*pauschales* Kopftuchverbot für Lehrkräfte) besteht offenkundig ein Widerspruch zur Rechtsprechung des BVerfG. Eine durch
den Berliner Innensenator *Henkel* veranlasste behördeninterne Prüfung habe allerdings keinen zwingenden Änderungsbedarf ergeben.[328] Der Unterschied zur
nordrhein-westfälischen Regelung bestehe darin, dass das Berliner Gesetz alle
Religionen und Weltanschauungen unterschiedslos behandelt.

Diese Rechtsansicht wurde mittlerweile deutlich infrage gestellt durch ein Gutachten des wissenschaftlichen Parlamentsdienstes des Abgeordnetenhauses von
Berlin vom 25. Juni 2015.[329] Darin kommen die Gutachter u.a. zu dem Ergebnis,
dass die Berliner Regelung ausdrücklich ein pauschales Kopftuchverbot für Lehrkräfte enthält, welches es nach der Rechtsprechung des BVerfG in dieser Form
nicht geben dürfe. Auf eine konkrete oder abstrakte Gefährdungslage für den
Schulfrieden oder die staatliche Neutralität stelle die fragliche Vorschrift nicht ab,
vielmehr verbiete der Wortlaut religiös geprägte Kleidungsstücke und Symbole
gänzlich unabhängig von einer davon ausgehenden Gefahr für diese Schutzgüter.[330] Auch unter Hinzuziehung anderer Auslegungsmethoden sei es nicht möglich, die Berliner Regelung einschränkend und verfassungskonform dahingehend
auszulegen, dass für ein Kopftuchverbot jeweils eine hinreichende Gefahr für den
Schulfrieden oder die religiöse Neutralität des Staates erforderlich ist.[331] Folglich
bestehe gesetzlicher Änderungsbedarf.[332] Ein Verstoß gegen Gleichheitsrechte
durch die Berliner Regelung sei demgegenüber in der Tat nicht erkennbar, da
keine Religion oder Weltanschauung privilegiert werde.[333]

In einer neuen Entscheidung des LAG Berlin-Brandenburg[334] vom 9. Februar
2017 hat das Gericht einer abgelehnten muslimischen Bewerberin eine Entschädigung von knapp 8.700 € zugesprochen und davon abgesehen, das Neutralitätsgesetz mit dem Verdikt der Verfassungswidrigkeit zu belegen. Vielmehr sei § 2
Satz 1 des Berliner Neutralitätsgesetzes verfassungskonform dahin auszulegen,
dass das Land Berlin Lehrkräften das Tragen religiös geprägter Kleidungsstücke
dann untersagen kann, wenn dadurch die weltanschaulich-religiöse Neutralität
einer öffentlichen Schule oder sämtlicher öffentlicher Schulen in einem bestimm-

---

328 Vgl. Der Tagesspiegel v. 28.10.2015, S. 6, 7.
329 Online abrufbar unter www.tagesspiegel.de/downloads/12753284/2/gutachten-zum-neu-
     tralitaetsgesetz.pdf (letzter Zugriff: Juni 2018) (im Folgenden zitiert als WPD-Gutachten
     „Kopftuch").
330 WPD-Gutachten „Kopftuch", S. 14.
331 WPD-Gutachten „Kopftuch", S. 17.
332 WPD-Gutachten „Kopftuch", S. 26.
333 WPD-Gutachten „Kopftuch", S. 13.
334 NZA-RR 2017, 378 ff.

ten Bezirk gegenüber Schülerinnen und Schülern gefährdet oder gestört wird. Ein pauschales Kopftuchverbot i.S.v. § 2 Neutralitätsgesetz verletze die muslimische Bewerberin in ihrem Grundrecht aus Art. 4 Abs. 1 und 2 GG. Aufgrund einer möglichen verfassungskonformen Auslegung bedürfte es allerdings keiner Vorlage an das BVerfG gem. Art. 100 Abs. 1 GG.[335] *„Der einschränkenden Auslegung eines pauschalen Kopftuchverbots steht nicht entgegen, dass dem Gesetzgeber entstehungsgeschichtlich ein Kopftuchverbot als typischer Anwendungsfall der Vorschrift vorgeschwebt hat. Der Norm kann dennoch ein weniger weitreichender Anwendungsbereich zuerkannt werden. Die verfassungskonforme Auslegung findet ihre Grenzen dort, wo sie zum Wortlaut und dem klar erkennbaren Willen des Gesetzgebers in Widerspruch treten würde."*[336] Damit wertet das LAG die Frage nach der Möglichkeit einer einschränkenden, verfassungskonformen Auslegung anders als der WPD Berlin.[337] Insbesondere verwirft es die vermeintlich maßgebliche Prägung der Norm im Wege der *historischen* Auslegung. Dieser komme nur insofern Bedeutung zu, als sie die Richtigkeit einer gefundenen, lege artis durchgeführten, Auslegung bestätigt oder Zweifel behebt.[338] Die systematische und teleologische Auslegung lasse allerdings schon eine Einschränkung dahingehend zu, dass das Verbot nur bei Vorliegen einer konkreten Gefahr gilt.[339]

Das Land Berlin hat die Rechtsmittelfrist gegen dieses Urteil verstreichen lassen.[340] Es ist somit rechtskräftig. Trotz der unmittelbar im Anschluss an das Urteil neu entflammten Grundsatzdiskussion um Sinn, Zuschnitt und Verfassungskonformität des sog. Neutralitätsgesetzes[341] sieht der Berliner Senat weiterhin von einer Überarbeitung der entsprechenden Vorschriften ab.

Über diese Entscheidung lässt sich politisch[342] wie rechtlich durchaus streiten. Die Entwicklungen rund um das Berliner Neutralitätsgesetz sind allerdings noch

---

335 NZA-RR 2017, 378 (385).

336 NZA-RR 2017, 378 (385).

337 Es ist durchaus nicht uninteressant, dass das LAG das „Auslegungsergebnis" des WPD Berlin in Anführungszeichen setzt!

338 NZA-RR 2017, 378 (385).

339 NZA-RR 2017, 378 (386).

340 *Fatina Keilani*, Kopftuch-Urteil: Senat lässt Frist ablaufen, Der Tagesspiegel v. 12.5.2017, S. 8.

341 Aus dem Berliner Medienecho siehe etwa: *Malte Lehming*, Ein Aufstand säkularer Fundamentalisten, Der Tagesspiegel v. 19.1.2018, S. 6 f.; *Martin Klesmann*, Senat verliert Kopftuchstreit, BZ v. 27.6.2017, S. 1; *Christian Rath*, Neutralität neu ausgelegt, taz v. 5.5.2017, S. 22; *Ders.*, Neutralitätsgesetz unter Druck, taz v. 4.3.2017, S. 45; *Ders.*, „Es findet religiöses Mobbing statt", Berliner Zeitung v. 27.2.2018, S. 12; *Susanne Memarnia*, Gutes Vorbild, schlechtes Vorbild, taz v. 4.3.2017, S. 44; *Alke Wierth*, Ein Stück Stoff, taz v. 4.3.2017, S. 41; *Fatina Keilani*, Kopftuch-Urteil: Senat lässt Frist ablaufen, Der Tagesspiegel v. 12.5.2017, S. 8; Kirchen für Änderung des Berliner Neutralitätsgesetzes, KNA v. 11.5.2017.

342 Nach *Martin Klesmann*, Senat verliert Kopftuchstreit, BZ v. 27.6.2017, S. 1, wird das Neutralitätsgesetz zu einer „Belastung für den Senat", der in die Defensive geraten sei. S.a.

nicht an ihr Ende gelangt. Weitere Klagen abgelehnter muslimischer Lehramts-kandidatinnen / Bewerberinnen sind anhängig bzw. bereits im Vergleichswege entschieden worden.[343] So wurde u.a. im Juni 2017 einer abgelehnten Bewerberin durch das ArbG Berlin eine Entschädigung von zwei Monatsgehältern zugespro-chen.[344] Beobachter der Berliner Verfahren sprechen bereits davon, dass für den Senat die Entschädigungszahlung „zum Regelfall zu werden" droht.[345] In den ers-ten drei darauf folgenden Judikaten sind die Klägerinnen allerdings mit ihrem Wunsch, im Unterricht ein Kopftuch zu tragen, gescheitert.[346] Die zugrunde lie-genden Fälle waren mit den AGG-rechtlich konnotierten im o.g. Sinne indes nur sehr eingeschränkt vergleichbar: im ersten Fall ging es um die Umsetzung einer kopftuchtragenden Lehrerin von einer Grundschule an ein Oberstufenzentrum. Sie hatte sich allerdings selbst vertraglich auch zu einer Arbeitsleistung dort ver-pflichtet. Im zweiten Fall ging es um eine kopftuchtragende Quereinsteigerin in den Lehramtsberuf, die alleine deshalb abgelehnt worden war, weil es ausreichend Bewerberinnen und Bewerber mit entsprechender Laufbahn und Fachqualifika-tion gab, denen man vor den Quereinsteigern den Vorzug gab. In dem dritten Fall wurde die Klage aus formalen Gründen abgewiesen, weil die Lehrerin ihren Anspruch nicht innerhalb der gesetzlich vorgeschriebenen zwei Monate geltend gemacht hatte.[347]

Mit einem dreiseitigen Schreiben[348] hat sich der Berliner Bildungssenat an die Schulleiterinnen und Schulleiter gewandt. Neben einer Wiedergabe der gesetzli-chen Grundlagen des Neutralitätsgesetzes formuliert der Bildungssenat „Hinweise zur Auslegung" und unterscheidet zwischen „sichtbaren" Symbolen und dem „De-

Sabine Menkens, Kopftuch im Klassenzimmer, Die Welt v. 20.12.2017, S. 5. Mittlerweile hat sich eine Initiative „Pro Berliner Neutralitätsgesetz" gebildet, welche am 26.2.2018 eine Petition zum Erhalt des Gesetzes an die Berliner Bildungssenatorin Sandra Scheeres über-geben hat. Die Petition steht zum Download bereit unter http://pro.neutralitaetsgesetz.de/downloads (letzter Zugriff: 27.2.2018).

343 Siehe https://religion-weltanschauung-recht.net/2017/06/26/arbg-berlin-entschaedigungs klagen-muslimisches-kopftuch/ (letzter Zugriff: Juni 2018).

344 Pressemitteilung des ArbG Berlin Nr. 13 v. 26.06.2017 zu den Rechtssachen 58 Ca 7190/17 und 58 Ca 7193/17.

345 *Martin Klesmann,* Senat verliert Kopftuchstreit, BZ v. 27.6.2017, S. 1.

346 ArbG Berlin, Urt. v. 9.5.2018, Az. 60 Ca 8090/17, Pressemitteilung des ArbG Berlin Nr. 8/2018 v. 9.5.2018, juris; ArbG Berlin, Urt. v. 24.5.2018, Az. 58 Ca 7193/17, 58 Ca 8368/17, Pressemitteilung des LArbG Berlin-Brandenburg Nr. 10/2018 v. 24.5.2018, juris.

347 Die Urteilsgründe wurden (Stand: 29.5.2018) noch nicht publiziert. Die Sachverhaltsanga-ben sind entnommen von *Fatina Keilani,* Kopftuch: Klagen abgewiesen, Der Tagesspiegel v. 25.5.2018, S. 7.

348 Der Brief liegt dem Verf. nicht im Originalwortlaut vor. Er wird zitiert nach Maßgabe folgender Quellen: https://www.welt.de/politik/deutschland/article168411336/Dreiseiti-ger-Brief-soll-Lehrer-beim-Kopftuch-Verbot-auf-Spur-bringen.html (letzter Zugriff: Juni 2018); https://www.berliner-zeitung.de/berlin/rundschreiben-an-schulen-kopftuch-bitte-nur-in-der-kueche-28369990 (letzter Zugriff: Juni 2018).

monstrieren sichtbarer Symbole". Das Tragen eines sichtbaren religiösen Symbols gilt als nicht ausreichend, um das Gesetz zu verletzen. Anders verhält es sich beim „Demonstrieren religiöser Symbole" – unter ein solches zählt nach Ansicht des Senats auch das muslimische Kopftuch. „Symbole, die als Schmuckstücke getragen werden und auch als solche von einem objektiven Betrachter erkennbar sind, dürfen getragen werden, solange sie den Schulfrieden nicht gefährden."

Es ist mehr als fraglich, ob eine derartige Auslegung mit den vorangegangenen Judikaten des BVerfG und des LAG Berlin-Brandenburg vereinbar ist.

Ein neues Verfahren, dem die Zuweisung einer muslimischen Bewerberin durch die Bildungsverwaltung an eine *Berufsschule* – an welcher mit Kopftuch unterrichtet werden darf – soll nun einer rechtsgrundsätzlichen Klärung zugeführt werden, notfalls bis zum BVerfG. Die Senatsbildungsverwaltung wird durch die auch überregional bekannte und aktive Rechtsanwältin *Seyran Ates*, Gründerin der liberalen Ibn-Rushd-Goethe-Moschee, vertreten, die das Neutralitätsgesetz nachdrücklich befürwortet.[349] Der Prozess soll ab Januar 2018 fortgesetzt werden und wird auch die neue Rechtsprechung des EuGH in den Rechtssachen G4S Secure Solution (C–157/15) sowie Bougnaoui/ADDH (C–188/15) zu würdigen haben, wonach einem privaten Arbeitgeber unter bestimmten Voraussetzungen zugebilligt wird, von seinen Angestellten religiöse Neutralität zu verlangen und auf das Tragen religiös konnotierter Kleidung zu verzichten.

3. Konventionsrechtliche Aspekte aus der Rechtsprechung des EGMR

Auch der Europäische Gerichtshof für Menschenrechte musste sich bereits in einer Vielzahl von Verfahren mit der Frage auseinandersetzen, ob und inwieweit das muslimische Kopftuch im staatlichen Raum zulässig sein kann. Zum Kopftuchverbot einer Lehrerin hat der EGMR in der Rechtssache Dahlab ./. Schweiz (Nr. 42393/98)[350] zunächst an seine ständige Rechtsprechung erinnert, wonach die Gedankens-, Gewissens- und Religionsfreiheit, wie sie in Art. 9 EMRK gewährleistet ist, zu den Grundlagen einer „demokratischen Gesellschaft" gehört. In einer solchen Gesellschaft, in welcher mehrere Religionen in einer und derselben Bevölkerung nebeneinander bestehen, könne es sich als notwendig erweisen, diese Freiheit zu beschränken, um die Interessen der verschiedenen Gruppen auszugleichen und um den Respekt vor den Überzeugungen eines jeden sicherzustellen. Das schweizerische Kopftuchverbot greife zwar in die Religionsfrei-

---

349 http://www.tagesspiegel.de/berlin/berliner-neutralitaetsgesetz-wieder-streit-ums-kopftuch-einer-lehrerin/20203936.html (letzter Zugriff: Juni 2018); *Daniel Bax*, Land Berlin will Grundsatzentscheidung, taz v. 21.8.2017, S. 6; *Susanne Memarnia*, Ates geht es um eine Grundsatzentscheidung, taz v. 18.8.2017, S. 22.

350 EGMR, EuGRZ 2003, 595 ff.

heit ein, die Maßnahme verfolge aber mit dem Schutz der Rechte und Freiheiten Dritter, der öffentlichen Sicherheit und dem Schutz der öffentlichen Ordnung legitime Zwecke i.S.v. Art. 9 Abs. 2 EMRK.[351] Der Gerichtshof räumt ein, dass es durchaus schwierig zu beurteilen sei, welche Wirkung ein starkes äußeres Zeichen wie das Tragen des Kopftuchs durch eine muslimischen Lehrerin auf die Gewissens- und Religionsfreiheit der unterrichteten Kinder in frühem Alter haben kann. Gerade mit Blick auf Schüler im Alter von vier bis acht Jahren könne ein möglicher „Bekehrungseffekt" durch das Kopftuchtragen nicht von vornherein bestritten werden.

In der Rechtssache Sahin ./. Türkei (Nr. 44774/98)[352] sah die Große Kammer zwar in dem Verbot muslimischer Frauen, in staatlichen *Universitäten* ein Kopftuch zu tragen, einen Eingriff in das durch Art. 2 S. 1 des Ersten Zusatzprotokolls zur EMRK gewährleistete Recht auf Bildung, doch rekurriere die Maßnahme auf einen legitimen Zweck, der in der *Bewahrung des säkularen Charakters der Bildungseinrichtung.* Die Maßnahme sei für die Beschwerdeführerin auch vorhersehbar gewesen.

Insgesamt hat der EGMR – soweit ersichtlich – bisher in nur einem einzigen Fall ein Verbot religiös akzentuierter Kleidung / Symbole durch einen *privaten* Arbeitgeber als menschenrechtswidrig verworfen.[353]

4. Baghwan-Kleidung

Lange vor den o.g. „Kopftuch-Fällen" war die sog. „Baghwan-Kleidung" Gegenstand der verwaltungsgerichtlichen Rechtsprechung[354] im Kontext der Problematik, ob und inwieweit Lehrkräfte an öffentlichen Schulen religiös konnotierte Kleidung tragen dürfen. Die einst Baghwan, später Osho-Bewegung (alternativ auch „Neu-Sannyasin"), genannte religiös-spirituelle Bewegung hat in Deutschland ca. 6.000 Anhänger, die sich seit dem Tod des spirituellen Lehrers und Gründers Rajneesh Chandra Mohan 1990 zunehmend zersplittern.[355] Charakteristisch

---

351 EGMR, EuGRZ 2003, 595 (596).
352 EGMR, EuGRZ 2006, 28 ff. (Große Kammer); EuGRZ 2005, 31 (Kammer).
353 *Heinig*, Gerichtliche Auseinandersetzungen um Kreuz und Kopftuch im öffentlichen Raum (Anm. 1), S. 79 (80); instruktiv: *Angelika Nußberger*, Von Kopftüchern, Burkas und Kreuzen – Religionsfreiheit und staatliche Neutralität in einer modernen Gesellschaft. Die Rechtsprechung des Europäischen Gerichtshofs für Menschenrechte, in: Bitburger Gespräche Jahrbuch 2017, S. 61 ff.
354 Rechtssache Eweida u.a. ./. UK, EGMR, Urt. v. 15. Januar 2013, NJW 2014, 1935 ff. S. dazu unten E. III. 2.
355 Dazu *Joachim Süss*, Osho-Bewegung, in: Klöcker/Tworuschka (Anm. 76), Kap. VIII–8, S. 8 (Stand: 5. EL 2001).

für die Anhänger dieser Bewegung war v.a. (zumindest bis Mitte der 1980er Jahre[356]) das Anlegen eines rot-orangenen Gewandes.

Die Rechtsprechung war in den 1980er Jahren relativ streng und sah in dem Anlegen eines rot-orangenen Bhagwan-Gewandes einen Verstoß gegen die staatliche Neutralitätspflicht, die insoweit auch auf Lehrerinnen und Lehrer als staatlichen Repräsentanten durchschlage. Der VGH München sah die Möglichkeit einer religiösen Beeinflussung der Schülerinnen und Schüler, da die ausweichlose Konfrontation mit der religiösen Bekleidung die Schüler dazu veranlasse, sich mit den religiösen Ideen zu beschäftigen.[357] Vor dem Hintergrund des Toleranzgebots lasse sich ein angemessener Ausgleich der Interessen nur dann finden, wenn Lehrerinnen und Lehrer von einer derartigen Kleidung absehen. Das religiöse Gebot der Baghwan, diese Kleidung zu tragen, sei, *„obwohl es eine der vier Grundregeln dieser Glaubensgemeinschaft ist (…) nicht von so ausschlaggebender Bedeutung."*[358] Nach Ansicht des OVG Hamburg trete die Glaubensfreiheit der Lehrkraft im Zuge der Abwägung mit den über Art. 33 Abs. 5 GG geschützten hergebrachten Grundsätzen des Berufsbeamtentums zurück.[359]

Das BVerwG hielt das Verbot der Baghwan-Kleidung zum Schutze der negativen Religionsfreiheit der Schülerinnen und Schüler und des Elterngrundrechts für gerechtfertigt.[360] Schon vor Erlass des Kopftuch-II-Beschlusses des BVerfG gab es in der rechtswissenschaftlichen Literatur kritische Stimmen zu dieser Rechtsprechung, wonach ein derartiges Verbot nur im Einzelfall zum Wecke religiöser Mäßigung oder zur Abwehr von Gefahren für den Schulfrieden gerechtfertigt sein könne.[361] Nach jetziger Rechtslage dürfte das Tragen von Baghwan-typischer Kleidung im Regelfall, gleich dem muslimischen Kopftuch, zulässig sein – sofern die Anhänger dieser Bewegung wieder darauf zurückgreifen.

5. Sonderfall: Ordenstracht

Einen besonderen Fall religiös konnotierter Kleidung an öffentlichen Schulen stellt das Tragen christlicher Ordenstrachten dar. Anders als beim muslimischen Kopftuch wird man diesen keinen politischen Symbol- oder Bedeutungsgehalt

---

356 *Süss*, Osho-Bewegung, in: Klöcker/Tworuschka (Anm. 76), Handbuch der Religionen, Kap. VIII–8, S. 6 (Stand: 5. EL 2001).

357 VGH München, NVwZ 1986, 405.

358 VGH München, NVwZ 1986, 405 (406) – mit durchaus bemerkenswerter religiös-theologischer „Prüfkompetenz"!

359 OVG Hamburg, NVwZ 1986, 406 (407).

360 BVerwG, NVwZ 1988,937 (938).

361 *Frauke Brosius-Gersdorf*, in: Dreier (Hrsg.), GG I³, Art. 7 Rn. 78.

beimessen können.[362] Das Ordensgewand verdeutlicht die Zugehörigkeit zu einer Ordensgemeinschaft, ist eindeutig religiös konnotiert und wird aus freier Überzeugung getragen.[363] Art. 10 Reichskonkordat legt dem Staat diesbezüglich sogar ausdrückliche Schutzpflichten auf.

Sofern ein Ordensangehöriger / eine Ordensangehörige *Religionsunterricht* an staatlichen Schulen erteilt, war das religiöse Gewand auch schon vor der sog. Kopftuch-II-Entscheidung zulässig. Im allgemeinen Schulunterricht stellte sich bisher – dem *Grunde* nach, weniger aber aus tatsächlichem Anlass[364] – die gleiche Frage, ob und inwieweit das eindeutig religiös konnotierte Gewand an der religiös-weltanschaulich neutralen Schule getragen werden darf. Die vorliegenden Fälle, in denen Ordensangehörige auch außerhalb des Religionsunterrichtes an staatlichen Schulen tätig sind, sind aber eher überschaubar. Jüngere Erhebungen fehlen dazu.[365] Generell dürfte für das Ordensgewand / Nonnenhabit nun grundsätzlich dasselbe gelten wie für das muslimische Kopftuch – es ist grundsätzlich zuzulassen, es sei denn, es besteht eine konkrete Gefahr für den Schulfrieden oder die staatliche Neutralität.

V. Exkurs: Staatlich verantwortete religiöse Symbolik – das Kreuz im Klassenraum

Ein (nicht nur) argumentativer Perspektivwechsel ist für solche Konstellationen vorzunehmen, in denen der Staat aktiv die Präsenz religiöser Symbole in seinen Amtsräumen anordnet oder eine bestehende religiös konnotierte Ausstattung (passiv) duldet. Solange religiöse Symbolik durch grundrechtsberechtigte, private Dritte im öffentlichen Leben zur Schau gestellt wird, lässt sich aus Art. 4 Abs. 1 und 2 GG kein religiöser Konfrontationsschutz ableiten. Die negative Religionsfreiheit des einen hebelt die positive Religionsfreiheit des anderen nicht aus. Dem das religiöse Symbol ablehnenden Part bleibt alleine das Ausweichen übrig. Ein solches ist jedoch in Räumlichkeiten, die besonderen staatlichen bzw. öffentli-

---

362 *Juliane Kokott*, in: Sachs (Hrsg.), GG[8], Art. 4 Rn. 72; nach *Walter Frenz*, Verdrehte Religionsfreiheit?, DÖV 2007, 690 (694) habe die Nonnentracht keine „derart zumindest potenziell aggressiven Charakter" wie das Kopftuch und sei vielmehr „gänzlich unpolitisch". Wohl a.A.: *Jäschke/Müller*, Kopftuchverbote gegenüber Schülerinnen an öffentlichen und privaten Schulen (Anm. 241), S. 279 (284).

363 DOK-Rundschreiben Nr. 6 v. 12.7.2006, S. 9.

364 Es sind keine Gerichtsverfahren bekannt, in deren Rahmen gegen das – ohnehin nicht sehr häufig vorkommende – Unterrichten von Ordensangehörigen in deren Ordenskleidung vorgegangen worden wäre.

365 So nennt das DOK-Rundschreiben Nr. 15 v. 26.9.2007 etwa den Fall einer an einer staatlichen Gehörlosenschule unterrichtenden Nonne, die dort aufgrund eines besonderen Anstellungsvertrages beschäftigt war.

chen Zwecken gewidmet sind (Schule, Gerichtswesen, Universität, Justizvollzug), nicht ohne Weiteres möglich.

Die Frage nach der rechtlichen Zulässigkeit von religiösen Symbolen in öffentlichen Gebäuden/Räumen ist eine national wie international kontrovers diskutierte Frage. Durch den Fall Lautsi ./. Italien wurde die Kontroverse auf die Ebene der EMRK gehoben und hat den Europäischen Gerichtshof für Menschenrechte in Straßburg (EGMR) zu zwei bemerkenswert konträren Urteilen verleitet.

1. Die Rechtslage in Deutschland

Rechtlich heikel war bereits die Fragestellung nach der Anbringung von Kreuzen in Gerichtssälen[366]. Politischen, rechtlichen und nicht zuletzt gesellschaftlichen Sprengstoff enthielt die Frage nach der Zulässigkeit von Kruzifixen in deutschen Klassenzimmern.[367] In seinem bekannten „Kruzifix-Beschluss" vom 16. Mai 1995[368] befasste sich das BVerfG mit der Fragestellung, ob der damals geltende § 13 Abs. 1 Bayerische Volksschulordnung (= Rechtsverordnung) die verbindliche Anbringung eines Kreuzes in jedem Klassenzimmer anordnen durfte oder nicht. Der Erste Senat erkannte eine Verletzung der Beschwerdeführer in ihrer negativen Religionsfreiheit aus Art. 4 Abs. 1 GG und – für die Eltern – in ihrem Erziehungsrecht aus Art. 6 Abs. 2 S. 1 GG und erklärte die genannte Vorschrift für grundgesetzwidrig und damit nichtig. Zwar habe der Einzelne in einer Gesellschaft, die unterschiedlichen Glaubensüberzeugungen Raum gibt, kein Recht darauf, von fremden Glaubensbekundungen, kultischen Handlungen und religiösen Symbolen verschont zu bleiben. Davon zu unterscheiden sei aber eine vom Staat geschaffene Lage, in der der Einzelne ohne Ausweichmöglichkeiten dem Einfluss eines bestimmten Glaubens und den Symbolen, in denen sich dieser darstellt, ausgesetzt ist. Insofern entfalte Art. 4 Abs. 1 GG nach Ansicht des BVerfG

---

366 BVerfGE 35, 366 (375 f., begleitet von dem ausdrücklichen Hinweis, dass die Zulässigkeit des Kreuzes im Übrigen offen bleibe). Instruktiv zum Themenkomplex: *Christian Waldhoff*, Das Kreuz als Rechtsproblem, in: Kirche und Recht 2001, S. 153 ff.; *Ansgar Hense*, Das Kreuz in der Öffentlichkeit. Staatskirchenrechtliche Perspektive(n), in: engagement. Zeitschrift für Erziehung und Schule 1/2013, S. 10 ff.; *Thomas Sternberg*, Das Kreuz – religiöses oder kulturelles Symbol? Über Kreuze in öffentlichen Gebäuden, in: engagement. Zeitschrift für Erziehung und Schule 1/2013, S. 19 ff. Rechtsvergleichend: *Stephan G. Hinghofer-Szalkay*, Das Kreuz und islamische Symbole im Klassenzimmer im Licht von Art. 9 EMRK und Art. 2 ZPEMRK, in: Stephan Hinghofer-Szalkay / Herbert Kalb (Hrsg.), Islam, Recht und Diversität, Wien 2018, S. 587 ff.

367 Dazu: *Gerhard Czermak*, Religions- und Weltanschauungsrecht, Berlin (u.a.) 2008, Rn. 268 ff.; zahlreiche Literaturnachweise auch bei *v. Campenhausen/de Wall*, Staatskirchenrecht⁴ (Anm. 294), S. 74 (Fn. 122, 123); *Rudolf Streinz*, Das Kreuz im öffentlichen Raum, BayVBl. 2014, S. 421 ff.

368 BVerfGE 93, 1.

seine freiheitssichernde Wirkung gerade in Lebensbereichen, die nicht der gesellschaftlichen Selbstorganisation überlassen, sondern vom Staat organisiert sind.[369]
Art. 4 verleihe dem Einzelnen und den religiösen Gemeinschaften grundsätzlich
keinen Anspruch darauf, ihrer Glaubensüberzeugung mit staatlicher Unterstüt-
zung Ausdruck zu verleihen.

Anders als im Beschluss zur Entfernung eines Kreuzes aus dem Gerichtssaal
deutet das BVerfG das Kreuz als Glaubens- und nicht lediglich als Kultursymbol.[370] Der Eingriff in die neg. Religionsfreiheit wird damit begründet, dass „zwar
kein Zwang zur Identifikation oder zu bestimmten Ehrbezeugungen und Verhaltensweisen" mit der Anbringung der Schulkreuze einhergehe, dass der „appel-
lative Charakter" des Kreuzes gleichwohl angesichts des erzieherischen Auftrags
der Schule und der besonderen Empfänglichkeit der in ihrer Persönlichkeit noch
nicht gefestigten Schulkinder die von ihm symbolisierten Glaubensinhalte als
„vorbildhaft und befolgungswürdig" ausweise. Den Konflikt zwischen positiver
und negativer Religionsfreiheit habe der Gesetzgeber unter Berücksichtigung des
Toleranzgebots im Wege praktischer Konkordanz zu lösen.

Der Kruzifix-Beschluss bewirkte nicht zuletzt aufgrund der eher unglücklichen
Formulierung heftige politische und gesellschaftliche Kritik, die Schüler seien
während des Unterrichts von Staats wegen und ohne Ausweichmöglichkeit dazu
gezwungen, „unter dem Kreuz" zu lernen. Gewichtig ist auch der Vorwurf, das
BVerfG habe mit der formulierten religiös-theologischen Deutung seine Kompetenzen überschritten.[371]

Mittlerweile haben sich die Wogen auf nationaler Ebene jedoch geglättet, da
man zu einer wohl weitgehend befriedenden[372] Kompromisslösung gefunden
hat. Der bayerische Landesgesetzgeber hat mit einer vielleicht praxisnahen, aber
rechtlich nicht unheiklen[373] schulrechtlichen Regelung auf die Entscheidung re-

---

369 BVerfGE 93, 1 (15 f.).
370 Scharfe Kritik bei *v. Campenhausen/de Wall*, Staatskirchenrecht[4] (Anm. 294), S. 75.
371 *Waldhoff*, Das Kreuz als Rechtsproblem (Anm. 366), S. 153 (161, 173). In diese Richtung
   auch *Hense*, Das Kreuz in der Öffentlichkeit (Anm. 366), S. 10 (15); deutlich *Josef Isen-
   see*, Bildersturm durch Grundrechtsinterpretation. Der Kruzifix Beschluß des Bundesverfassungsgerichts, in: Hans Maier (Hrsg.), Das Kreuz im Widerspruch. Der Kruzifix-Be-
   schluß des Bundesverfassungsgerichts in der Kontroverse, Freiburg, Basel, Wien 1996, S. 9
   (22): „Nicht das Kreuz an der bayerischen Schulwand ist verfassungswidrig, sondern die
   laien-theologische Kreuzesexegese der Karlsruher Pentarchie." (= ZRP 1996, 10 [14]).
372 Nach *Czermak*, Religions- und Weltanschauungsrecht (Anm. 367), Rn. 282, werden
   (Stand: 2007) die Kreuze stets dem ohne öffentliches Aufsehen entfernt. Auch nach Ansicht
   von *Streinz*, Das Kreuz im öffentlichen Raum (Anm. 367), S. 421 (424) habe die bayerische Lösung den Konflikt nun im Wesentlichen entschärft. Zustimmend auch *Hense*, Das
   Kreuz in der Öffentlichkeit (Anm. 366), S. 10 (15).
373 *Czermak*, Religions- und Weltanschauungsrecht (Anm. 367), Rn. 278, spricht gar von
   einem „Affront gegenüber dem BVerfG". A.A. *Waldhoff*, Das Kreuz als Rechtsproblem
   (Anm. 366), S. 153 (162), der die bayerische Lösung als „gut vertretbar" wertet.

agiert und einen schonenden Ausgleich zwischen Mehrheitsentscheidung und negativer Glaubensfreiheit als Minderheitenschutz getroffen, die zumindest von den bayerischen Gerichten und dem BVerwG nicht beanstandet wurde.[374] Die Regelung des Art. 7 Abs. 3 BayEUG belässt es generell bei der Anbringung von Schulkreuzen, sieht aber im Konfliktfall (Widerspruch „aus ernsthaften und einsehbaren Gründen des Glaubens oder der Weltanschauung") ein Mediationsverfahren des Schulleiters vor, bei dessen Scheitern diesem die Entscheidungskompetenz unter Berücksichtigung eines angemessenen Minderheitenschutzes zugewiesen wird (sog. Widerspruchslösung).[375] Die Norm gewährt den Eltern daher bei Vorliegen aller Tatbestandsvoraussetzungen ein subjektives Recht auf Abnahme des Kreuzes. Das BVerwG hat in dieser Gesamtkonstruktion eine für Andersdenkende zumutbare und nichtdiskriminierende Ausweichmöglichkeit gesehen, wenn die Anforderungen an die Begründung des Widerspruchs nicht überzogen werden.[376]

2. Die Rechtsprechung des EGMR

Durch Urteil vom 9. November 2009[377] entschied zunächst die Zweite Kammer des EGMR in der Sache Lautsi ./. Italien einstimmig, dass die in Italien durch eine Rechtsverordnung angeordnete Anbringung von Kruzifixen in öffentlichen Schulen gegen Artikel 2 Protokoll Nr. 1 zur EMRK (Recht auf Bildung) in Verbindung mit Artikel 9 EMRK (Gedankens-, Gewissens- und Religionsfreiheit) verstößt, und sprach der Beschwerdeführerin gem. Art. 41 EMRK eine Entschädigung in Höhe von 5.000 € durch den italienischen Staat zu.[378]

---

374   BVerwGE 109, 40; BayVGH, BayVBl. 1998, 305; BayVerfGH, BayVBl. 1997, 686; Kritik indes bei *Claus Dieter Classen*, Religionsrecht, 2. Aufl., Tübingen 2015, Rn. 512; Rn. 137.

375   Auffallend ist, dass nach dieser Regelung allein die Erziehungsberechtigten kritikberechtigt sind, nicht aber die Lehrer. Dennoch hat der BayVerfGH, in einem ausdrücklich als „atypisch" bezeichneten Fall (NVwZ 2002, 1000 = BayVBl. 2002, 400) die Abnahme eines Kreuzes auf den Widerspruch eines Lehrers für die Dauer seiner Unterrichtsstunde hin angeordnet.

376   BVerwGE 109, 40 (51 ff.). So auch BayVerfGH, BayVBl. 1997, 686 (690): „Das Vorbringen „ernsthafter und einsehbarer Gründe (…) verlangt von dem, der der Anbringung eines Kreuzes widerspricht, keine umfassende Darlegung des Inhalts oder gar der Intensität seiner religiös-weltanschaulichen Überzeugungen im Sinne einer sachlichen Rechtfertigung. (…) Im Hinblick auf Art. 105 Abs. 5 BV muß es ausreichen, wenn die Gründe des Widerspruchs in objektiv nachvollziehbarer Weise dargelegt werden und nicht mißbräuchlich sind. (…)."

377   Beschwerde Nr. 30814/06, Lautsi ./. Italien, DÖV 2010, 144.

378   Vor den italienischen Gerichten war die Beschwerdeführerin, Frau Soile Lautsi, gescheitert. Die angerufenen Verwaltungsgerichte wiesen die Klage mit der Begründung ab, das Kreuz sei ein Symbol der italienischen Geschichte und Kultur. Das oberste ital. VG argu-

Die Zweite Kammer argumentierte, dass die negative Religionsfreiheit dem Staat die Verwendung religiöser Symbole verbiete, die für eine einzelne, konkrete Religion stehen. Der Staat dürfe seinen Bürgern keine spezifischen Glaubensvorstellungen aufdrängen, vor allem nicht in unausweichlichen Situationen. Darin liege eine Verletzung der Neutralitätspflicht des Staates, die im Zusammenhang mit öffentlicher Erziehung besonders streng beachtet werden müsse. Deren Ziel müsse stets dem Pluralismus dienen und dem Schüler kritisches Denken vermitteln. Die aufgehängten Kreuze stellten für die Schüler Symbole einer einzelnen Religion dar. Obwohl es sich um ein vielschichtiges Symbol handele, stehe doch die religiöse Bedeutung im Vordergrund. Könne das Anbringen eines Kruzifixes zwar einerseits für religiöse Schüler motivierend wirken, drohe für andersgläubige und atheistische Schüler, insbesondere dann, wenn sie Minderheiten angehörten, jedoch eine einschüchternde Beeinflussung.

Mit Urteil vom 18. März 2011[379] hob die Große Kammer des EGMR das Urteil der zweiten Kammer mit einer Stimmenmehrheit von 15:2 auf. Sie sah angesichts des den Vertragsstaaten der EMRK konzedierten Beurteilungsspielraums („margin of appreciation") keine Verletzung der durch die EMRK garantierten Rechte und wies die Beschwerde ab. Anders als die Zweite Kammer würdigte sie die kulturhistorische Dimension des Falles vor dem Hintergrund der bisherigen Rechtsprechung und bestätigte einen Einschätzungsspielraum der Vertragsstaaten der EMRK.

Der EGMR hält zunächst ebenfalls eine Verletzung der gerügten Konventionsrechte für möglich. Denn Anhänger des Laizismus vertreten nach Ansicht des EGMR Auffassungen, die das Maß an Folgerichtigkeit, Ernsthaftigkeit, Geschlossenheit und Bedeutung erreichen, das erforderlich ist, damit sie als „Überzeugungen" i.S.v. Art. 2 Satz 2 des Zusatzprotokolls zur EMRK (Recht auf Bildung) als weltanschauliche Überzeugungen angesehen werden können. Ebenso lege Art. 9 EMRK den Konventionsstaaten eine Pflicht zur Neutralität und Überparteilichkeit auf. Es sei Aufgabe des Staates, die Ausübung verschiedener Religionen, Konfessionen und Glaubensüberzeugungen neutral und unparteiisch zu gewährleisten und dazu beizutragen, die öffentliche Ordnung, den religiösen Frieden und die Toleranz in einer demokratischen Gesellschaft zu sichern, insbesondere zwischen Gruppen mit gegensätzlichen Auffassungen, und zwar zwischen Gläubigen und Nichtgläubigen sowie zwischen Anhängern unterschied-

---

mentierte zudem, dass das Kruzifix ein mittlerweile „säkulares Symbol" sei, welches die Werte der italienischen Verfassung verkörpere.

379 EGMR, EuGRZ 2011, 677. Sie dazu auch: *Lothar Häberle*, Zwei konträre Entscheidungen desselben Gerichts zu einem italienischen Schulkreuzfall. Religionsfreiheit und staatliche Neutralität im Licht der Europäischen Menschenrechtskonvention, in: Ders. / Johannes Hattler (Hrsg.), Islam – Säkularismus – Recht. Aspekte und Gefährdungen der Religionsfreiheit, Heidelberg 2012, S. 121 ff.

licher Religionen, Konfessionen und Glaubensrichtungen. Diese Aufgabe gelte auch im schulischen Bereich.

Bei der Erfüllung dieser Aufgaben konzediert die Große Kammer den Vertragsstaaten im Rahmen der zwingenden Vorgaben der EMRK allerdings Ermessensspielräume. Die Pflicht zur Neutralität sei nicht gleichbedeutend mit einer Pflicht zur Enthaltsamkeit in religiösen Fragen. Das Kruzifix ist in den Worten des EGMR „vor allem ein religiöses Symbol", „*das – ob man ihm auch einen weltlichen symbolischen Wert beimisst oder nicht – zweifellos auf das Christentum hinweist, die Religion der Mehrheit in dem Land im schulischen Umfeld sichtbar bevorzugt.*"[380] Der EGMR sieht es offenbar als entscheidend an, ob mit dieser Bevorzugung eine Indoktrination durch den jeweiligen Staat verbunden ist. Dies hat der EGMR vorliegend verneint: das Kruzifix an der Wand sei „ein *überwiegend* passives Symbol"[381], was insbesondere Bedeutung für den Neutralitätsgrundsatz habe. Man könne ihm keinen Einfluss auf die Schüler beimessen, der mit einer Lehrstunde oder der Teilnahme an religiösen Aktivitäten vergleichbar wäre. Da keine Indoktrination vorliege, komme der Beurteilungsspielraum der Vertragsstaaten zum Tragen: „*Der Gerichtshof ist der Auffassung, dass die Entscheidung über die Fortsetzung einer Tradition, grundsätzlich in den Beurteilungsspielraum des Staates fällt. Der Gerichtshof muss außerdem berücksichtigen, dass Europa von einer großen Vielfalt zwischen den einzelnen Staaten gekennzeichnet ist, insbesondere in Bezug auf die jeweilige kulturelle und historische Entwicklung.*"[382] Der Gerichtshof müsse, wenn die in der EMRK und ihren Protokollen garantierten Rechte geachtet sind – grundsätzlich die Entscheidung des Staates respektieren, welchen Raum er der Religion einräumt. Daraus ergibt sich, dass vorliegend die Entscheidung des ital. Staates, Kruzifixe in den Klassenzimmern öffentlicher Schulen anzubringen, grundsätzlich in dessen Ermessens- bzw. Gestaltungsspielraum fällt.

3. Würdigung und offene Fragen

Die Ausgestaltung der Schule und der Erziehungsziele sowie die Berücksichtigung religiöser Symbole gehört zu den in besonderer Weise kulturgeprägten Sphären staatlichen Wirkens. Dies ist im Rahmen des supranationalen Grundrechtsschutzes zu berücksichtigen. Das Religionsverfassungsrecht der Mitgliedsstaaten der EMRK reicht von der Staatskirche bis zum strengen Laizismus. Die Durchsetzung und der Typus staatlicher Säkularität und Neutralität haben sich in

---

380 Der Deutung als bloßes Kultursymbol wird folglich eine deutliche Absage erteilt.
381 EGMR, EuGRZ 2011, 677 (686).
382 EGMR, EuGRZ 2011, 677 (685).

den europäischen Staaten unterschiedlich weit entwickelt. Anders als das BVerfG im sog. Kruzifix-Beschluss ist der EGMR nicht der Versuchung erlegen, eine gewisse „Deutungshoheit" über die vom Kreuz symbolisierten Inhalte an sich zu ziehen. Es ist mit Recht begrüßt worden, dass der EGMR hier Zurückhaltung geübt hat mit Blick auf den „margin of appriciation" der jeweiligen Mitgliedstaaten[383] – und den mitunter dort stark divergierenden Ansichten und religionsrechtlichen Systemen.

Dennoch verbleibt natürlich ein gewisses Spannungsverhältnis zwischen der EGMR-Einordnung des Kreuzes als „passives Symbol" und der Annahme des BVerfG, das Kreuz weise einen „appellativen Charakter" auf.[384] Wann überhaupt ein Symbol „aktiv oder passiv" ist, bleibt ebenfalls unklar.

Das Urteil des BVerfG im sog. Kruzifix-Beschluss ist – bei allen zu Recht erhobenen kritischen Ansätzen – zumindest im Ergebnis durchaus folgerichtig, da es dem religiös-weltanschaulich neutralen Staat nicht ansteht, von sich aus die Verwendung eines dezidiert einer bestimmten Religion zugehörigen Symbols in seinen Amtsräumen normativ vorzuschreiben. Selbst wenn damit eine geschichtliche oder kulturelle Prägung zum Ausdruck gebracht werden soll (siehe etwa Art. 7 Abs. 4 S. 1 BayEUG), so wirkt dies nicht darüber hinweg, dass der Staat – als „Heimstatt aller Bürger" – noch nicht einmal den Anschein einer religiösen Parteinahme erwecken darf.[385] Wer aber das Kreuz in der Schule anordnet und etwa einen Halbmond untersagt, nimmt eine neutralitätsrechtlich heikle und verfassungsrechtlich wohl nicht haltbare Privilegierung einer Religion vor. Wer aber dem Kreuz die religiöse Symbolik aktiv abspricht, erklärt sich selbst für zumindest gleichermaßen kompetent wie die betroffene Kirche.

Sofern vorgetragen wird, dass das Aufhängen eines Kreuzes im Klassenraum durch die positive Religionsfreiheit der christlichen Schüler gerechtfertigt sei[386], wird man dem wohl nicht folgen können, weil der damit verbundene Eingriff in die negative Religionsfreiheit der anderen Schüler nicht erforderlich ist.[387] Unter dem Strich wird man – bei aller weiterhin möglicher Grundsatzkritik – den in Bayern eingeschlagenen Weg als durchaus praxisangemessen würdigen können, da er den Eltern der betroffenen Kinder ein subjektives Recht auf Abnahme der Kreuze zubilligt, dies aber erst dann, wenn alle zumutbaren Optionen im Dialog mit der Schule besprochen wurden. Die Anforderungen an den Widerspruch

---

383 *Streinz*, Das Kreuz im öffentlichen Raum (Anm. 367), S. 421 (426); *Christian Walter*, Religiöse Symbole in der öffentlichen Schule – Bemerkungen zum Urteil der Großen Kammer des Europäischen Gerichtshofs für Menschenrechte im Fall Lautsi, EuGRZ 2011, 675 f.

384 Kritik zur „Passivität" des Kreuzes etwa bei *Michael Lysander Fremuth*, Urteilsanmerkung zu EGMR (Große Kammer), Urt. v. 18.3.2011, NVwZ 2011, 737 (741 ff.).

385 *Classen*, Religionsrecht² (Anm. 374), Rn. 137.

386 Siehe das Sondervotum der Richter Seidl, Söllner und Haas, BVerfGE 91, 1 (30 f.).

387 *Classen*, Religionsrecht² (Anm. 374), Rn. 512.

sind zwar nicht allzu hoch anzusetzen, aber dennoch geeignet, ein gerichtliches Obsiegen eines reinen „Querulanten" zu erschweren.

D. Religiös konnotierte Bekleidung / Symbolik vor Gericht

Mit zunehmenden Diskussionen über religiöse Symbolik im öffentlichen Raum konnte es nicht ausbleiben, dass mit der Justiz auch einer der Kernbereiche staatlicher Hoheitsgewalt in den Blickpunkt der gesellschaftlichen und politischen Auseinandersetzungen gerückt ist. Wer allerdings meint, dass in diesem hoheitlichen Bereich sicherlich einfachere und klarere Regelungen gälten als etwa im Schulbereich, der übersieht, dass auch hier zahlreiche unterschiedliche Interessens- und Kollisionslagen und nicht zuletzt unterschiedliche Grundrechtsträger aufeinandertreffen. Die religiös-weltanschauliche Neutralität des Staates in ihrer justiziellen Ausprägung, die hier insbesondere in der Person der Richterin oder des Richters dem Bürger gegenübertritt, ist der zentrale Kristallisationspunkt der Debatte. Auch auf diesem Gebiet zeichnet sich ab, dass die verfassungsrechtlichen Kollisionslagen nicht einheitlich zu beantworten sein werden. Dies gilt nicht nur für die Differenzierung gleichsam vor und hinter der Richterbank. Selbst für die auf Seiten des Gerichts agierenden Personen stehen differenzierende Betrachtungsweisen im Raum – denken wir nur an unterschiedliche Rechtsstellung und Funktion von Berufsrichterinnen und -richtern, ehrenamtlichen Laienrichterinnen und -richtern oder sonstigem Gerichtspersonal wie etwa Protokollführerinnen und -führern oder aber Rechtsreferendarinnen und Rechtsreferendaren auf Seiten des Gerichts. Genauso unterschiedlich sind die Problemlagen auf Seiten der weiteren potenziellen Prozess- und Verfahrensbeteiligten wie Rechtsanwältinnen und Rechtsanwälten, Staatsanwältinnen und Staatsanwälten inklusive Rechtsreferendarinnen und Rechtsreferendaren, Prozessparteien, Angeklagten oder Zeuginnen oder Zeugen. Und schließlich, wie sieht es mit der Gerichtsöffentlichkeit aus?

Rechtsprechung und Gesetzgebung nähern sich in den vergangenen Jahren langsam den verschiedenen Fragestellungen an – von einem umfassenden Bild, durchgängigen Regelungen oder gleichmäßigen Maßstäben in diesem Bereich ist man jedoch noch weit entfernt.

I. Rechtsprechung

1. Rechtsreferendarinnen und Rechtsreferendare

Die Rechtsprechung hat sich bisher mit der Frage religiös konnotierter Bekleidung im Bereich der Justiz nur in besonderen Konstellationen befasst. Angesichts des Umstandes, dass sich mittlerweile nicht wenige Studierende der Rechtswissenschaften zum muslimischen Glauben bekennen und dies auch durch das Tragen etwa des Kopftuches nach außen hin kenntlich machen, verwundert es nicht, dass sich die Rechtsprechung in jüngerer Zeit damit zu befassen hatte, wie es im juristischen Vorbereitungsdienst um religiös konnotierte Bekleidung bestellt ist. Das Bundesverfassungsgericht hatte den Fall einer hessischen Rechtsreferendarin zu entscheiden, der für unterschiedliche Ausbildungssituationen (u.a. Sitzungsleitung, Beweisaufnahme, Sitzungsvertretung Staatsanwaltschaft) untersagt wurde, ein Kopftuch zu tragen. In dem bisher alleine entschiedenen Eilverfahren stellte das Gericht gemäß § 32 BVerfGG lediglich eine Abwägung der Entscheidungswirkungen an. Hierbei gelangte es zu dem Ergebnis, dass für den Bereich der Rechtspflege, jedenfalls was die Aufgaben der Richterin oder des Richters bzw. der Staatsanwältin oder des Staatsanwalts in unmittelbarem Kontakt mit den Prozessbeteiligten angeht, gesteigerte Anforderungen an die religiös-weltanschauliche Neutralität des Staates anzunehmen seien.[388] Das Grundgesetz gewähre den Beteiligten, vor einem unabhängigen und unparteilichen Richter zu stehen. Neben der persönlichen und sachlichen Unabhängigkeit des Richters (Art. 97 GG) sei es wesentliches Kennzeichen der Rechtsprechung, dass die richterliche Tätigkeit von einem „nicht beteiligten Dritten" ausgeübt werde. Dies erfordere „unbedingte Neutralität" vom Richter. Auf Seiten der positiven Religionsfreiheit der Rechtsreferendarin sei zu berücksichtigen, dass die Beschränkungen lediglich temporärer Natur seien, die bezeichneten Tätigkeiten wie Sitzungsvertretungen etc. keine zwingenden Ausbildungsinhalte seien und die Weigerung, das Kopftuch abzulegen, nicht negativ in die Bewertung des Ausbildungsabschnittes einfließen dürfe. Im Rahmen der negativen Religionsfreiheit der anderen Verfahrensbeteiligten stellt das Bundesverfassungsgericht in Anlehnung an seine Rechtsprechung zum Kreuz im Schulraum darauf ab, dass diese sich in einer vom Staat geschaffenen unausweichlichen Lage befänden. Der Kammerbeschluss verhält sich hingegen nicht zu der wesentlichen Frage, ob die von den hessischen Behörden angeführte Erlasslage in Verbindung mit dem hessischen Juristenausbildungsgesetz und dem Neutralitätsgebot im hessischen Beamtengesetz eine ausreichende gesetzliche Rechtsgrundlage darstellt.

---

388 BVerfG, Beschl. v. 27.6.2017 – 2 BvR 1333/17 -, juris, Rz. 49.

Die Frage der ausreichenden gesetzlichen Grundlage stand im Mittelpunkt eines Falls einer bayerischen Rechtsreferendarin, den das Verwaltungsgericht Augsburg im Jahr 2016 zu entscheiden hatte. Ihr war durch eine verwaltungsbehördliche Auflage zu ihrem Zulassungsbescheid zum juristischen Vorbereitungsdienst das Tragen des Kopftuches in ähnlichen Verfahrenssituationen wie in dem hessischen Fall untersagt worden. Das Verwaltungsgericht Augsburg befand, dass jedenfalls der Grundsatz der richterlichen Unabhängigkeit und Unparteilichkeit, der in Art. 97 Abs. 1 GG (in diesem Fall i.V.m. Art. 5 Abs. 3, 85 BayVerf, § 39 DRiG, Art. 2 Abs. 1 BayRiG i.V.m. § 33 Abs. 1 BeamtStG) seine Verankerung findet, keine hinreichend konkretisierte gesetzliche Grundlage für den Eingriff in die Grundrechte der Rechtsreferendarin darstellte.[389] Der bayerische Verwaltungsgerichtshof beurteilte den Fall im Ergebnis anders und wies die Klage der Rechtsreferendarin ab, allerdings unter Hinweis darauf, dass kein Fortsetzungsfeststellungsinteresse bestehe, insbesondere weil es sich nicht um einen schwerwiegenden Grundrechtseingriff handele, lediglich von bestimmten richterlichen Tätigkeiten ausgeschlossen zu sein, die nicht zwingend zur Ausbildung gehörten.[390]

Die Frage einer ausreichenden gesetzlichen Grundlage für derartige Regelungen im Ausbildungsverhältnis harrt damit einer ausführlichen Beantwortung durch die Rechtsprechung. Das Hauptsacheverfahren der hessischen Rechtsreferendarin wird hierfür Gelegenheit bieten.

2. Schöffinnen und Schöffen

Das religiös konnotierte Kopftuch hat ferner im Kontext der Bekleidung von Schöffinnen im Strafprozess bereits mehrfach die Gerichte beschäftigt.[391] So schlossen das Landgericht Bielefeld und das Landgericht Dortmund im Jahr 2006 jeweils eine Schöffin von der Hauptverhandlung aus, weil die Frauen sich weigerten, ihr Kopftuch abzulegen.[392] Die Entscheidungen wurden jeweils auf die sitzungspolizeilichen Befugnisse des Vorsitzenden nach § 176 GVG gestützt. Das Landgericht Bielefeld entschied durch Beschluss v. 16.3.2006 allerdings, dass die Schöffin in Bielefeld nicht von der Schöffenliste zu streichen war.[393] Das Gesetz sehe keine Kleiderordnung für Schöffen vor. Es bleibe eine Frage des Einzelfalls,

---

389 VG Augsburg, Urt. v. 30.6.2016, Az. 2 K 15.457, juris.

390 BayVGH, Urt. v. 7.3.2018, Az. 3 BV 16.2040, Rz. 41, juris. Zu diesem Urteil s.a.: *Lutz Friedrich*, Sitzungsvertretung mit Kopftuch?, in: Kirche und Recht 2018, S. 88 ff.

391 Siehe dazu: *Bader*, Die Kopftuch tragende Schöffin (Anm. 103), S. 2964 ff.

392 LG Bielefeld, NJW 2007, 3014; LG Dortmund, NJW 2007, 3013. Ebenso zum Problemkreis: *Kathrin Groh*, Angewandte Verfassungsrechtsprechung – die Schöffin mit Kopftuch, NVwZ 2006, 1023 ff.

393 LG Bielefeld, NJW 2007, 3014.

ob künftige Beteiligte eines Strafverfahrens aus ihrer Sicht und unter Berücksichtigung des Verfahrensgegenstands Misstrauen gegen die Unparteilichkeit der Schöffen hegen und ggf. ein Ablehnungsgesuch anbringen.

Eine Schöffin mit (Hidschab-)Kopftuch beschäftigte schließlich auch das Kammergericht Berlin, das im Rahmen eines Revisionsverfahrens gegen ein amtsgerichtliches Strafurteil zu prüfen hatte, ob das Schöffengericht wegen der kopftuchtragenden Schöffin möglicherweise falsch besetzt gewesen war. Die Frage verneinte das Kammergericht und wies darauf hin, dass es keine gesetzliche Grundlage dafür gebe, einer Person alleine auf Grund eines religiös motivierten Kleidungsstücks die Fähigkeit zu Bekleidung des Schöffenamtes abzusprechen.[394] Dabei führte es insbesondere die Unterschiede zwischen Rechtsstellung und Funktion des Berufsrichters und des ehrenamtlich tätigen Schöffen an.

3. Zeuginnen und Zeugen

Nach Presseberichten hat Anfang 2017 ein Münchner Amtsrichter eine muslimische Zeugin aufgefordert, ihren Gesichtsschleier während der Zeugenaussage abzulegen. Als diese sich weigerte, verzichtete der Richter darauf, seine Aufforderung durchzusetzen. Er sprach den Angeklagten, der durch einen anderen Zeugen entlastet wurde, frei. Die Berufung der Staatsanwaltschaft hatte keinen Erfolg.[395] Eine gerichtliche Entscheidung über das Tragen des Gesichtsschleiers wurde hier also in der Sache gar nicht getroffen.

4. Gerichtsöffentlichkeit

Das Kopftuch einer Zuschauerin eines Strafverfahrens vor dem Amtsgericht Tiergarten war Anlass für den Richter, die Frau aufzufordern, entweder das Kopftuch abzunehmen oder den Gerichtssaal zu verlassen. Die Verfassungsbeschwerde der Frau gegen diese sitzungspolizeiliche Maßnahme des Amtsrichters nahm das Bundesverfassungsgericht zur Entscheidung an und stellte fest, dass das Tragen einer Kopfbedeckung aus religiösen Gründen kein ungebührliches Verhalten gegenüber dem Gericht darstellen könne und ein gleichwohl ausgesprochenes Verbot gegen das allgemeine Willkürverbot i.V.m. der Religionsfreiheit verstoße.[396]

---

394 KG Berlin, Urt. v. 09.10.2012 – (3) 121 Ss 166/12 – juris.
395 *Jens Reisgies*, Verbot der Vollverschleierung für Verfahrensbeteiligte im Gerichtssaal, ZevKR 2017, 271 (271 ff. m.w.N.).
396 BVerfG, NJW 2007, 56 f.

II. Gesetzgeberische Initiativen

Auch wenn einige Länder angekündigt haben, gesetzliche Regelungen für das Tragen religiös konnotierter Kleidung im Bereich der Justiz schaffen zu wollen, haben dies bislang explizit lediglich die Länder Baden-Württemberg und Bayern umgesetzt. Außer Betracht bleiben hier allgemeine gesetzliche Neutralitätsverpflichtungen für Beamte oder sonstige Bedienstete des öffentlichen Dienstes – wie etwa § 45 des Hessischen Beamtengesetzes oder das sog. Berliner Neutralitätsgesetz.

1. Baden-Württemberg

Mit dem Gesetz zur Neutralität bei Gerichten und Staatsanwaltschaften, das am 10. Mai 2017 vom Landtag beschlossen wurde[397], hat das Land Baden-Württemberg Berufsrichterinnen und Berufsrichtern sowie Staatsanwältinnen und Staatsanwälten das Tragen von Symbolen oder Kleidungsstücken untersagt, die „bei objektiver Betrachtung eine bestimmte religiöse, weltanschauliche oder politische Auffassung zum Ausdruck bringen". Dieses Verbot gilt allerdings nur für Sitzungen oder bei Amtshandlungen außerhalb von Sitzungen, bei denen Beteiligte, Zeuginnen oder Zeugen oder Sachverständige anwesend sind, also praktisch ein Außenkontakt besteht. Das Verbot gilt außerdem nicht für Schöffinnen und Schöffen sowie ehrenamtliche Richterinnen und Richter. Erfasst werden allerdings auch Rechtsreferendarinnen und Rechtsreferendare, Rechtspflegerinnen und Rechtspfleger sowie Notarinnen und Notare im Landesdienst, soweit ihnen die Wahrnehmung richterlicher oder staatsanwaltschaftlicher Aufgaben übertragen sind. Die gesetzlichen Regelungen knüpfen damit nicht an das Gebot des Tragens einer Amtstracht an, sondern an die spezifische richterliche bzw. staatsanwaltliche Aufgabe. Die rechtsprechende Gewalt müsse Gewähr bieten für die strikte Neutralität, Objektivität und Unparteilichkeit der richterlichen oder staatsanwaltschaftliche Aufgaben wahrnehmenden Personen. Das Funktionieren des Rechtsstaates hänge wesentlich vom Vertrauen der Bürgerinnen und Bürger in Gerichte und Staatsanwaltschaften ab. Es müsse jeder äußere Anschein der Voreingenommenheit oder Parteilichkeit vermieden werden.

Interessant ist die – nicht unumstrittene – Differenzierung nach Berufsrichterinnen und -richtern einerseits und Schöffinnen und Schöffen bzw. ehrenamtlichen Richterinnen und Richtern andererseits.[398] Jene hätten zwar in der Recht-

---

397 Gesetz zur Neutralität bei Gerichten und Staatsanwaltschaften des Landes, GBl. BW 2017, 265.
398 Landtag von Baden-Württemberg, Drs. 16/1954, S. 12.

sprechung gleiches Stimmrecht wie die Berufsrichterinnen und -richter. Jedoch komme den Berufsrichtern aufgrund ihrer Ausbildung und durch die ihnen vorbehaltenen Sitzungsleitung eine herausgehobene Verantwortung für die Wahrung der Neutralität und Ordnung der Sitzungen zu. Auch auf Grund der Amtstracht, die die Berufsrichter in aller Regel in den Sitzungen trügen, komme ihnen optisch eine herausgehobene Funktion zu. Die ehrenamtlichen Richterinnen und Richter stünden nicht in einem Dienstverhältnis und sollten als „Laienrichter" die Sicht des Volkes repräsentieren (z.B. Schöffen, ehrenamtliche Verwaltungs- oder Finanzrichter), besondere praktische Erfahrungen (z.B. Handelsrichter) oder Anschauungen und Erfahrungen aus verschiedenen Bereichen (z.B. ehrenamtliche Arbeits- oder Sozialrichter) einbringen. Hieraus ergebe sich eine unterschiedliche Stellung und Funktion der ehrenamtlichen Richterinnen und Richter, die eine unterschiedliche Behandlung mit Blick auf das Verbot des Tragens religiös, weltanschaulich oder politisch konnotierter Kleidung rechtfertige.

2. Bayern

Der Freistaat Bayern hat im Rahmen einer umfassenden Novelle des Richtergesetzes eine ähnliche Regelung getroffen. Nach Art. 11 des am 22. März 2018 beschlossenen Bayerischen Richter- und Staatsanwaltsgesetzes[399] dürfen Berufsrichterinnen und -richter und Staatsanwältinnen und Staatsanwälte in Verhandlungen sowie bei allen Amtshandlungen mit Außenkontakt keine sichtbaren religiös oder weltanschaulich geprägten Symbole oder Kleidungsstücke tragen, die Zweifel an ihrer Unabhängigkeit, Neutralität oder ausschließlichen Bindung an Recht und Gesetz hervorrufen können. Allerdings werden hier – anders als in Baden-Württemberg, die ehrenamtlichen Richterinnen und Richter, für die die Vorschrift entsprechend gilt, mit in den Anwendungsbereich des Verbotes einbezogen (Art. 15 Satz 3). In Bezug auf Rechtsreferendare und Rechtspfleger gilt das Bekleidungsverbot insoweit sie richterliche und staatsanwaltliche Aufgaben wahrnehmen (Art. 73a Abs. 11 Nr. 6).

3. Neue Impulse von der Frühjahrskonferenz der Justizminister/innen 2018

Neue Impulse und erste Anzeichen für eine allgemeine und bundesweite Behandlung der Frage der Gesichtsverhüllung während einer Gerichtsverhandlung gehen derzeit von der Frühjahrskonferenz der Justizminister/innen 2018 aus. Zu

---

399 Bayerisches Richter- und Staatsanwaltsgesetz, GVBl. 2018, 118.

TOP I.9 „Verbot der Gesichtsverhüllung während der Gerichtsverhandlung" wurde der Beschluss gefasst[400]:

„1. Die Justizministerinnen und Justizminister halten es für geboten, das Verbot der Gesichtsverhüllung während der Gerichtsverhandlung ausdrücklich gesetzlich zu regeln.

2. Durch eine Änderung des Gerichtsverfassungsgesetzes soll sichergestellt werden, dass Personen im Gerichtssaal ihr Gesicht während der Gerichtsverhandlung grundsätzlich weder ganz noch teilweise verdecken. Das Verbot soll für alle am Verfahren Beteiligten (insbesondere Parteien, Zeugen, Sachverständige, Rechtsanwälte) gelten.

3. Die Justizministerinnen und Justizminister bitten die Länder Nordrhein-Westfalen und Niedersachsen und den Freistaat Bayern, einen entsprechenden Gesetzentwurf unter Berücksichtigung vorhandener Formulierungsvorschläge auszuarbeiten."

Mag die „vollständige" Gesichtsverhüllung noch konturierbar sein, verhält sich der Beschluss nicht näher zu der Frage, welche Kleidungsstücke das Gesicht „teilweise" verdecken können, so dass etwa offen bleibt, ob der islamische Tschador bereits erfasst ist. Auch bleibt noch offen, welche Vorschrift des GVG Anknüpfungspunkt einer Regelung sein könnte. Allerdings dürfte eine Anknüpfung an die sitzungspolizeilichen Vorschriften (§§ 176 ff. GVG) am wahrscheinlichsten sein.

III. Würdigung

Verfassungsgemäße Lösungen lassen sich differenziert anhand der verschiedenen Rollen, Rechtsstellungen und Funktionen finden, die die unterschiedlichen Personengruppen im gerichtlichen Verfahren einnehmen:

Mit seiner Eilentscheidung in dem Fall der kopftuchtragenden Rechtsreferendarin aus Hessen hat das Bundesverfassungsgericht deutliche Hinweise gegeben, wie es die Fragen religiös konnotierter Kleidung von Personen, die rechtsprechende Gewalt ausüben, beurteilt. Ausgehend von einem deutlich rigideren Neutralitätsbegriff als in anderen Kontexten – insbesondere dem schulischen Bereich –, deutet sich an, dass Bekleidungsverbote für Berufsrichterinnen und -richter und Rechtsreferendarinnen und Rechtsreferendare, die richterliche Aufgaben wahrnehmen, im Ergebnis verfassungsgemäß sein können.[401] Denn die Aufgaben-

---

400 Der Beschluss ist auch online abrufbar unter: http://www.jm.nrw.de/JM/jumiko/beschluesse/2018/Fruehjahrskonferenz_2018/I-9-NW---Verbot-der-Gesichtsverhuellung-waehrend-der-Gerichtsverhandlung.pdf (letzter Zugriff: Juni 2018).

401 So auch: *Daniel Weidemann*, Religiöse Symbole vor Gericht – Teil 1, ZJS 2016, S. 286 ff.; *Marion Eckertz-Höfer*, Kein Kopftuch auf der Richterbank, DVBl. 2018, 537 ff.; *Noreen von Schwanenflug/Simone Szczerbak*, Das Tragen des Kopftuches im Lichte des Neutralitäts-

wahrnehmung durch den Richter setzt dessen Unparteilichkeit, Objektivität und Unvoreingenommenheit voraus. Anders als im Schul- und Kitabereich dürften auf dem Gebiet der Rechtsprechung wegen der herausragenden Bedeutung des Vertrauens in ein rechtsstaatliches Gerichtsverfahren die grundrechtlichen Belange der Berufsrichterinnen und -richter auch abstrakt-generell hinter der religiös-weltanschaulichen Neutralität des Staates, zurücktreten. Anhaltspunkte dafür, dass es hier auf das Vorliegen einer konkreten Gefahr im Einzelfall ankommen könnte wie im Falle der kopftuchtragenden Lehrerin, fehlen. Im gerichtlichen Verfahren soll, wie schon die prozessualen Befangenheitsregelungen deutlich machen, bereits jeder Anschein der Voreingenommenheit und Parteilichkeit vermieden werden.[402]

Ob dies auch für die staatsanwaltschaftliche Tätigkeit gilt, wird zu klären sein. Die Eilentscheidung des Bundesverfassungsgerichts jedenfalls differenziert nicht zwischen den richterlichen und den staatsanwaltschaftlichen Aufgaben, die einer Rechtsreferendarin zugewiesen sind. Die Staatsanwältin bzw. der Staatsanwalt ist zwar nicht mit der richterlichen Unabhängigkeit gem. Art. 97 GG ausgestattet – aber auch sie haben ihre Aufgaben im Dienste der objektiven Wahrheit unvoreingenommen und unparteilich wahrzunehmen und den Sachverhalt neutral und objektiv zu ermitteln – vgl. etwa § 160 Abs. 2 StPO. Allerdings unterliegt deren Handeln im Verfahren nicht den Befangenheitsregeln, die für richterliche Handlungen gelten. Eine staatsanwaltliche „Befangenheit" ist gegebenenfalls materiell-rechtlich im Prozess geltend zu machen. Ob dies im Hinblick auf bestimmte Bekleidungsverbote jedoch einen Unterschied zum richterlichen Bereich rechtfertigt, erscheint fraglich. Es spricht hier sicher vieles dafür, die Bekleidung der Richterin und des Richters sowie der Staatsanwältin und des Staatsanwaltes gleich zu behandeln, so wie es die Gesetze in Bayern und Baden-Württemberg auch vorsehen.

gebotes im Öffentlichen Dienst, NVwZ 2018, S. 441 ff.; Deutscher Richterbund, Stellungnahme in dem Verfahren 2 BvR 1333/17 (Hessische Rechtsreferendarin) – abrufbar unter: http://www.drb.de/positionen/stellungnahmen/stellungnahme/news/2217/ (letzter Zugriff: Juni 2018); kritisch hingegen: *Hinnerk Wißmann*, Justitia mit Kopftuch, DRiZ 2016, S. 224 ff. Nach *Mehrdad Payandeh*, Das Kopftuch der Richterin aus verfassungsrechtlicher Perspektive, DÖV 2018, S. 482 (488), lässt sich ein Kopftuchverbot für Richterinnen (und Rechtsreferendarinnen) verfassungsrechtlich nicht rechtfertigen: *„Ebenso wie andere persönliche, unverfügbare Merkmale des Einzelnen dürfen auch das Tragen eines Kopftuchs und die dahinterstehenden persönlichen, religiös-kulturell geprägten Überzeugungen nicht zu der Annahme führen, dass eine kopftuchtragende Richterin zu einer neutralen, unparteiischen und am Maßstab des Rechts ausgerichteten richterlichen Amtstätigkeit nicht bereit oder nicht in der Lage ist."*

402 Unter Hinweis auch auf die Regelung des § 39 DRiG: *Eckertz-Höfer*, Kein Kopftuch auf der Richterbank (Anm. 401), S. 537 (542). A.A.: *Payandeh*, Das Kopftuch der Richterin (Anm. 401), S. 482 (486).

Auch wenn sich abzeichnet, dass religiös konnotierte Bekleidung bei Berufsrichterinnen und -richtern sowie Staatsanwältinnen und Staatsanwälten nebst
Referendarinnen und Referendaren verboten werden könnte, bleibt offen, unter
welchen Bedingungen dies geschehen kann. Es stellt sich insbesondere die Frage nach einer ausreichenden Rechtsgrundlage. Angesichts der offensichtlichen
Grundrechtsrelevanz von Bekleidungsverboten liegt es nahe, explizite gesetzliche
Grundlagen zu fordern. Das Bundesverfassungsgericht freilich hat in dem Fall
der hessischen Rechtsreferendarin das auf das Hessische Beamtengesetz gestützte Verbot unbeanstandet gelassen, das eine Konkretisierung der beamtenrechtlichen Neutralitätspflicht darstellt. Ob es dies auch im Hauptsacheverfahren bestätigt und es im Falle der Betroffenheit von Berufsrichterinnen und Berufsrichtern
oder Staatsanwältinnen und Staatsanwälten als Rechtsgrundlage genügen lassen
würde, erscheint hinsichtlich der Rechtsprechung zum Kopftuch bei Lehrerinnen, fraglich. Dort wurden eindeutige, auf die jeweiligen Adressaten zugeschnit-
tene gesetzliche Grundlagen gefordert. Richterinnen und Richter werden zwar
in ihrem Dienstverhältnis vielfach den Beamten gleichgestellt, sind aber keine
Beamten. Die Pflicht, eine Amtstracht zu tragen, dürfte, soweit sie überhaupt in
landesgesetzlichen Regelungen niedergelegt ist, als gesetzliche Grundlage nicht
ausreichend sein.[403] Bei einem unterstellten Regelungsbedarf dürften Bayern und
Baden-Württemberg mit ihren ausdrücklichen gesetzlichen Regelungen daher
den richtigen Weg eingeschlagen haben.

Weniger eindeutig ist die Rechtslage hinsichtlich der Bekleidung von ehrenamtlichen Richterinnen und Richtern. Hier streiten Argumente bezüglich der
Rechtsstellung und Funktion der ehrenamtlichen Richterinnen und Richter in
beide Richtungen.[404] Zum einen wird angeführt, dass die ehrenamtlichen Richter
in keinerlei Dienstverhältnis zum Staat stehen, damit auch nicht an dessen religiös-weltanschaulicher Neutralität teilhaben. Sie sollen als Privatleute die Pluralität
der Gesellschaft in der Rechtsprechung abbilden. Zum anderen aber nehmen sie
im Rahmen ihrer ehrenamtlichen Tätigkeit voll die Funktion der rechtsprechenden Gewalt des Staates wahr, vgl. für die Schöffen etwa § 30 GVG. Sie sind voll-
wertige Richterinnen und Richter in dem jeweiligen Verfahren. In der konkreten
Wahrnehmung der rechtsprechenden Aufgabe üben sie staatliche Gewalt aus, so
dass der Bürger auch von Ihnen in Bezug auf den Rechtsstreit Unvoreingenommenheit, Unparteilichkeit und eben auch Neutralität verlangen können müsste.

Für alle weiteren Verfahrensbeteiligten im gerichtlichen Verfahren stellt sich
demgegenüber nicht die Frage der religiös-weltanschaulichen Neutralität, die
allein den Staat in die Pflicht nimmt. Dies gilt für die Rechtsanwältinnen und

---

403 *Weidemann*, Religiöse Symbole vor Gericht (Anm. 401), S. 286 (295).
404 Vgl. ausführlich zu Rechtsstellung und Funktion von Schöffen: *Groh*, Angewandte Ver-
     fassungsrechtsprechung? (Anm. 392), S. 1023 ff.; *Bader*, Die Kopftuch tragende Schöffin
     (Anm. 103), S. 2964 ff.

Rechtsanwälte, die zwar Organe der Rechtspflege sind, aber als Vertreter der Parteiinteressen nicht unvoreingenommen und unparteilich sein müssen. Dies gilt selbstverständlich für die Parteien von Rechtsstreitigkeiten, auch für Zeuginnen und Zeugen, Sachverständige, Protokollführerinnen und -führer und auch die Gerichtsöffentlichkeit. Bekleidungsverbote kommen hier nur in Betracht, wenn und soweit man die Funktionsfähigkeit der Rechtsprechung beeinträchtigt sieht. Diese dürfte als Rechtsgut von Verfassungsrang geeignet sein, Eingriffe in die Religionsfreiheit zu rechtfertigen. Demgegenüber dürften weder das Desiderat nach offener Kommunikation oder die unbeeinträchtigte Wahrheitsfindung durch das Gericht für sich genommen Bekleidungsverbote tragen können. Hier wird man jeweils nach Situation und prozessualen Rahmenbedingungen zu differenzieren haben.[405]

Als Rechtsgrundlage kommt nach geltender Rechtslage die Generalklausel des § 176 GVG in Betracht, die den störungsfreien Verlauf der Gerichtsverhandlung gewährleisten soll. Danach ist es denkbar, dass anwesenden Personen im Gerichtssaal etwa die Gesichtsverschleierung untersagt wird, jedenfalls für bestimmte prozessuale Situationen. Ob jedoch das Tragen eines Kopftuches oder einer Kippa etwa durch eine Zeugin oder einen Zeugen geeignet sein könnten, die Funktionsfähigkeit der Rechtsprechung zu gefährden, erscheint äußerst fraglich.

E. Religiös konnotierte Bekleidung / Symbolik am privatrechtlichen Arbeitsplatz

I. Problemaufriss

Gewisse Akzentverschiebungen im Vergleich zu den bisher auftretenden und vorgestellten Problemkonstellationen finden im Bereich des privaten Arbeitsrechts statt. Sieht sich der im Schul- oder Justizwesen von der Religionsfreiheit Gebrauch machende Bürger dort mit dem Staat als grundrechtsverpflichtetem Rechtssubjekt konfrontiert, so sieht er sich im Falle einer arbeitsvertraglichen Beziehung einer *Privatperson* oder einer *juristischen Person des Privatrechts* gegenüber, die ihrerseits vollumfassend bzw. partiell grundrechtsberechtigt ist.[406] Der Religionsfreiheit und Berufsfreiheit der Mitarbeiterinnen und Mitarbeiter steht die Berufsfreiheit (Art. 12 GG) sowie die Eigentumsfreiheit (Art. 14 GG) der

---

405 *Michael / Dunz*, Burka im Gericht (Anm. 74), S. 125 ff., die etwa darlegen, dass eine umfassendes Vollverschleierungsverbot für Angeklagte und Zeugen vermutlich lediglich im Strafprozess verhältnismäßig wäre.
406 Zur Grundrechtsfähigkeit juristischer Personen siehe: *Sachs*, in: Ders. (Hrsg.), GG[8], Art. 19 Rn. 48 ff. (m.w.N.); *Antoni*, in: Hömig/Wolff (Hrsg.), GG[11], Art. 19 Rn. 7 ff. (m.w.N.).

Arbeitgeber gegenüber. Hinzu kommen gleichheitsrechtliche Implikationen des Falles (Art. 3 GG bzw. europäisches Antidiskriminierungsrecht), die insbesondere im Kontext der Vertragsanbahnung / im Bewerbungsverfahren zu berücksichtigen sind.[407] Keine Seite kann dabei auf eine per se vorrangige Geltung der eigenen Rechtspositionen beharren, auch hier sind die gegenseitigen Rechtspositionen im Rahmen einer umfassenden Rechtsgüterabwägung einem möglichst schonenden Ausgleich zuzuführen.

Dieser *Interessenausgleich* ist mit *höchster Sensibilität* zu führen. Die o.g. und tendenziell eher *für* die individuelle Religions(ausübungs)freiheit von Arbeitnehmern streitende Rechtsprechung, hat bei kollidierenden Arbeitgebergrundrechten auch noch weitere Gesichtspunkte zu würdigen. Denn die religiöse Praxis eines oder mehrerer Mitarbeiter kann den Arbeitgeber auch in handfeste Schwierigkeiten bringen. So ist eine Störung betrieblicher Abläufe nicht ausgeschlossen, wenn die Arbeitsleistung aus religiösen Gründen nicht oder nicht wie vorgeschrieben erbracht wird oder potentielle Kunden abgeschreckt werden und Aufträge zurückziehen. Ebenso sind Auswirkungen auf den Betriebsfrieden möglich, wenn andersgläubige Kolleginnen und Kollegen Anstoß an der Religionsausübung des oder der Betreffenden nehmen.[408] Auf der anderen Seite ist aber auch der Arbeitgeber grundsätzlich dazu angehalten, die persönliche Freiheit seiner Arbeitnehmer nicht über dasjenige hinaus einzuschränken, was der Zweck des Arbeitsverhältnisses unter Beachtung der Persönlichkeit des Arbeitnehmers unvermeidbar erforderlich macht.[409] Möglicherweise kann es aber auch Konstellationen einer gewissen *kontraktuellen Selbstbeschränkung* eines Arbeitnehmers geben, wenn er bei Abschluss des Vertrags voraussehen kann, dass die konkret geschuldete Tätigkeit bzw. das von ihm geforderte Verhalten ihn in einen Glaubens- oder Gewissenskonflikt bringen kann.[410]

Es ist grundsätzlich möglich, neben einer individuellen Vertragsabsprache die Frage der *Kleiderordnung* in einem Betrieb / einem Unternehmen auch durch kollektivrechtliche Rechtsquellen (Tarifvertrag, Betriebsvereinbarung) zu regeln.[411]

---

407 S.a. *Heike Mareck*, Das Kopftuchverbot in Betrieben öffentlicher und privater Arbeitgeber, jM 2017, 416.

408 *Roland Schwarze*, Neutraler Unternehmensauftritt rechtfertigt Kopftuchverbot, JA 2017, 943.

409 *Günther Wiese*, Der Persönlichkeitsschutz des Arbeitnehmers gegenüber der Arbeitgeber, ZfA 1971, 273 (299).

410 *Ulrich Preis*, Religionsfreiheit im Arbeitsverhältnis zwischen säkularem Staat, Freiheitsrechten und Diskriminierungsverboten, in: Kirche und Recht 2011, 33 (37); *Juliane Kokott*, in: Sachs (Hrsg.), GG⁸, Art. 4 Rn. 91; LAG Düsseldorf, Urt. v. 14.2.1963, JZ 1964, 258 ff. (m. Anm. *Nikisch*). Dazu auch *Walther J. Habscheid*, Arbeitsverweigerung aus Glaubens- und Gewissensnot, JZ 1964, S. 246 ff.

411 *Jens M. Schubert*, Religiöse Symbole und Kleidungsstücke am Arbeitsplatz, NJW 2017, S. 2582 (2583); instruktiv auch: *Brose / Greiner / Preis*, Kleidung im Arbeitsverhältnis

Regelmäßig geht es hier um ein einheitliches Unternehmensoutfit bzw. einen Uniformierungszwang. Auch gesetzlich zu beachtenden Hygienevorschriften können die freie Kleiderwahl am Arbeitsplatz beeinträchtigen. Fälle eines „religiösen Dresscodes" im Sinne eines Verbotes jedweder religiöser Symbolik hat es – soweit ersichtlich – in Deutschland noch nicht gegeben.[412]

In allen Fällen betrieblicher Kleiderordnungen sind zahlreiche höherrangige Rechtsvorschriften zu beachten. Neben den genannten grundgesetzlichen Garantien und dem bürgerlich-rechtlichen Dienstrecht der §§ 611 ff. BGB gilt insbesondere das Allgemeine Gleichbehandlungsgesetz (AGG). Auch Art. 21 und 16 der Europäischen Grundrechtecharta (GrCH) sowie Art. 9 EMRK können in diesem Kontext von Bedeutung sein.[413]

II. Ausstrahlungswirkung der Grundrechte ins Arbeitsrecht

Das Arbeitsrecht ist in besonderem Maße Austragungsort konfliktreicher Fallkonstellationen, in denen unterschiedliche, grundrechtlich geschützte Verhaltensweisen zu einem angemessenen und beide Seiten befriedenden Ausgleich geführt werden müssen. Eine arbeitsvertragliche Beziehung ist naturgemäß vom Gegensatz Arbeitgeber – Arbeitnehmer geprägt, ihr ist gleichsam ein gewisses faktisches „Ungleichgewicht der Kräfte" inhärent. Dies wirkt aber nicht darüber hinweg, dass sich beide Parteien auf der Ebene der Gleichrangigkeit auf das Privatrechtsregime beziehen, welches eine einseitige Übervorteilung oder sachunangemessene Vertragsklauseln untersagt. Bedrohungen grundrechtlicher Freiheiten gehen indes nicht nur vom Staat aus – der allein durch Art. 1 Abs. 3 GG („Akte öffentlicher Gewalt") an die Grundrechte gebunden ist –, sondern auch von *gesellschaftlichen* Kräften.[414]

Der privatrechtsgestaltende, das Arbeitsrecht setzende Gesetzgeber ist an die Grundrechte und europäisches Gemeinschaftsrecht gebunden, vgl. Art. 1 Abs. 3, 20 Abs. 3, 24 Abs. 1 GG. Mit Ausnahme von Art. 9 Abs. 3 S. 2 GG, der die unmittelbare Wirkung selbst anspricht, wirken Grundrechte grundsätzlich *mittelbar* auf private Rechtsverhältnisse ein.[415] Nach ständiger verfassungsgerichtlicher

(Anm. 102), S. 369 (insb. 376 ff.). S. a. *Preis / Greiner*, Religiöse Symbole und Arbeitsrecht (Anm. 32), S. 653 (662 ff.).

412 Zur Unzulässigkeit einer solchen gedachten Regelung *Brose / Greiner / Preis*, Kleidung im Arbeitsverhältnis (Anm. 102), S. 369 (371). Grundlegend zur Problematik religiöser Symbolik im arbeitsrechtlichen Umfeld: *Preis / Greiner*, Religiöse Symbole und Arbeitsrecht (Anm. 32), S. 653 ff.

413 *Schubert*, Religiöse Symbole und Kleidungsstücke (Anm. 411), S. 2582 (2583).

414 *Hufen*, Staatsrecht II (Anm. 101), § 7 Rn. 8.

415 *Wilhelm Dütz / Gregor Thüsing*, Arbeitsrecht, 22. Aufl., München 2017, § 2 Rn. 54. *Preis / Greiner*, Religiöse Symbole und Arbeitsrecht (Anm. 32), S. 653 (658 m.w.N.). Grundlegend

Rechtsprechung entfalten die Grundrechte im Privatrechtsverkehr ihre Wirkkraft als verfassungsrechtliche Wertentscheidungen durch das Medium der Vorschriften, die das jeweilige Rechtsgebiet unmittelbar beherrschen, damit vor allem auch durch die zivilrechtlichen Generalklauseln.[416] In Betracht kommen z.B. §§ 138, 242[417], 315 oder 826 BGB. Dogmatischer Ansatzpunkt für die sog. „mittelbare Grundrechtswirkung" ist aber nicht zuletzt die aus Art. 1 Abs. 3, 20 Abs. 3 GG folgende Bindung des Richters an die Grundrechte, deren Schutzbereich durch *seine* Entscheidung berührt ist.[418]

Es obliegt dem Staat, auch im Arbeitsverhältnis die Grundrechte der Parteien zu schützen und vor Verletzungen durch Dritte zu bewahren.[419] Dies gilt nicht zuletzt für die aus Art. 9 EMRK resultierenden positiven Verpflichtungen der Konventionsstaaten.[420] Der Staat wird dabei zunehmend zum „Moderator zwischen kollidierenden privaten Interessen".[421] So stellt sich etwa das Kündigungsschutzgesetz als eine unmittelbare Konkretisierung der sich aus Art. 12 Abs. 1 GG ergebenden *Schutzpflicht* des Gesetzgebers dar.[422] Nicht zuletzt im Kontext religiös konnotierter Bekleidung und Symbolik treffen verschiedene grundrechtliche Interessenlagen aufeinander. Deren Auflösung fordert nicht per se ein *gesetzgeberisches* Tätigwerden des Staates, wird aber in der Auslegung der entsprechenden (insbesondere General-)Klauseln gefordert, so etwa im Kontext der Auslegung der Vorschrift des § 106 S. 1 GewO, in welchem das Direktionsrecht des Arbeitgebers geregelt wird und auf ein „billiges Ermessen" im Rahmen der Ausübung abgestellt wird. Denn gerade dieses Weisungsrecht als *zentralem Recht des Ar-*

---

zur Thematik: *Claus Dieter Classen*, Die Drittwirkung der Grundrechte in der Rechtsprechung des BVerfG, AöR 122 (1997), S. 65 ff.; *Stefan Oeter*, Die Drittwirkung der Grundrechte und Autonomie des Privatrechts, AöR 119 (1994), 529 ff.; *Matthias Ruffert*, Vorrang der Verfassung und Eigenständigkeit des Privatrechts. Eine verfassungsrechtliche Untersuchung zur Privatrechtsentwicklung des Grundgesetzes, Tübingen 2001; *Claus-Wilhelm Canaris*, Grundrechte und Privatrecht: eine Zwischenbilanz, Berlin, New York 1999; *Donat Wege*, Religion im Arbeitsverhältnis. Freiheitsgarantien und Diskriminierungsschutz in Kooperation, Berlin 2007, S. 81 ff.

416 BVerfGE 7, 198 (205 f.); E 42, 143 (148); E 103, 89 (100).

417 Vgl. etwa BAG, NZA 1994, 1080 (1082) – Kündigung in der Probezeit wegen Homosexualität.

418 *Hufen*, Staatsrecht II (Anm. 101), § 7 Rn. 9; *Preis / Greiner*, Religiöse Symbole und Arbeitsrecht (Anm. 32), S. 653 (658).

419 BVerfGE 103, 89 (100); *Preis*, Religionsfreiheit im Arbeitsverhältnis (Anm. 410), S. 33.

420 *Andreas Stein*, Kopftuchverbot am Arbeitsplatz – Hat der EuGH das letzte Wort gesprochen?, NZA 2017, 828 (831).

421 *Hufen*, Staatsrecht II (Anm. 101), § 7 Rn. 8; grundlegend dazu: *Matthias Schmidt-Preuß*, Kollidierende Privatinteressen im Verwaltungsrecht. Das subjektive öffentliche Recht im multipolaren Verwaltungsrechtsverhältnis, 2. Aufl., Berlin 2005.

422 BVerfGE 97, 169 (175 f.) [= NZA 1998, 470]. In dieser Entscheidung misst das BVerfG die sog. Kleinbetriebsklausel des BetrVG an der Berufsfreiheit des Arbeitnehmers. In Abwägung mit der Berufsfreiheit des Arbeitgebers gelangt es zu dem Ergebnis, dass die Norm verfassungsgemäß ist.

beitgebers löst die verfassungsrechtliche Konfliktlage aus.[423] Die Vorschrift dient ausdrücklich dem Schutz des typischerweise unterlegenen Vertragspartners vor einem Missbrauch der überlegenen Gestaltungsmacht.[424] Weitere Einfallstore im Kontext dieser Zusammenstellung sind naturgemäß die kündigungsschutzrechtlichen Normen sowie die §§ 138, 242 BGB.

Der Kölner Arbeitsrechtler *Ulrich Preis* bemerkt, dass die Konfliktlage zwischen religiösen Interessen der Arbeitnehmer und wirtschaftlichen Interessen des Arbeitgebers keineswegs ein neues Phänomen im Arbeitsrecht darstellt, doch der Fokus bisher fast ausschließlich auf Fragen des Schutzes der Gewissensfreiheit des Arbeitnehmers lag.[425] Spezifisch glaubens- und religionsfreiheitliche Konfliktlagen beschäftigten das deutsche Arbeitsrecht zunehmend erst seit Beginn der 1990er Jahre. Während insbesondere die muslimischen Bürgerinnen und Bürger aktiv um die Anerkennung ihrer Religionsausübungsfreiheit im Beruf kämpften, sei ein paralleler Vorgang bei den Christen nicht erkennbar – hier würden stattdessen nur noch „Abwehrkämpfe um Kruzifixe in Schulen und in Gerichtsgebäuden" geführt.[426]

III. Übersicht über die bisherige Rechtsprechungsentwicklung

Das deutsche Arbeitsrecht wird längst nicht mehr nur durch inländische Rechtsprechung und Gesetzgebungsverfahren geprägt, sondern in zunehmenden Maße von der Rechtsprechung der menschen- und europarechtlichen Gerichte beeinflusst.[427]

1. Rechtsprechung der deutschen Arbeitsgerichte

Im Spannungsfeld zwischen der Berufsfreiheit der Arbeitgeber und der Religionsfreiheit der Mitarbeiterinnen und Mitarbeiter war die Rechtsprechung bisher eher arbeitnehmerfreundlich. Grundsätzlich anerkannt ist dabei zunächst das Bestehen einer arbeitsleistungsbezogenen Nebenpflicht jedes Arbeitnehmers auf branchenübliche Kleidung, selbst wenn es an einer individualvertraglichen

---

423 *Preis*, Religionsfreiheit im Arbeitsverhältnis (Anm. 410), S. 33 (34).
424 *Preis / Greiner*, Religiöse Symbole und Arbeitsrecht (Anm. 32), S. 653 (670); Palandt/*Grüneberg*, BGB, 77. Aufl. 2018, § 315 BGB Rn. 2.
425 *Preis*, Religionsfreiheit im Arbeitsverhältnis (Anm. 410), S. 33 (38 ff., m.w.N.).
426 Ebd., S. 33 (41).
427 Speziell zum Bereich des kirchlichen Arbeitsrechts: Burkhard Kämper / Adelheid Puttler (Hrsg.), Straßburg und das kirchliche Arbeitsrecht. Welche Folgen hat die Rechtsprechung des Europäischen Gerichtshofs für das kirchliche Arbeitsrecht in Deutschland, Berlin 2013.

Absprache dazu fehlt.[428] Das Tragen einer bestimmten Kleidung kann zur vertragsgemäßen Erfüllung der Arbeitsleistung geboten sein.[429] Gleichermaßen kann das Unterlassen einer bestimmten Bekleidung geboten sein.[430] Die deutschen Gerichte sahen aber bislang keinen Grund für ein präventives Verbot religiös konnotierter bzw. akzentuierter Bekleidung am Arbeitsplatz. Der Arbeitgeber darf nur in wenigen Ausnahmefällen das Recht der freien Bekleidungswahl der Arbeitnehmer einschränken. Sachliche Gründe einer solchen zulässigen Beschränkung können etwa sein die Sicherheit oder Hygiene am Arbeitsplatz, die Notwendigkeit einer berufstypischen Uniform[431], eine Störung des Betriebsfriedens[432] oder eine drohende Geschäftsschädigung durch nachweisbare[433] Kundenbeschwerden. Wo keine aus der arbeitsvertraglichen Hauptpflicht fließenden Bekleidungsvorschriften bestehen, kann auch keine Bekleidung mit religiöser oder politischer Aussage durch den Arbeitgeber untersagt werden.[434]

Das Bundesarbeitsgericht hat in einem grundlegenden Urteil vom 10. Oktober 2002[435] entschieden, dass das Tragen eines islamischen Kopftuchs für sich genommen noch nicht die ordentliche Kündigung einer Verkäuferin in einem Kaufhaus aus personen- oder verhaltensbedingten Gründen gem. § 1 Abs. 2 KSchG rechtfertigt. Mit Blick auf eine denkbare personenbedingte Kündigung habe das BAG zwar grundsätzlich anerkannt, dass eine Arbeitnehmerin auf Grund von fundamentalen, unüberwindbaren Glaubenshindernisse ihre Fähigkeit und Eignung verlieren kann, die unmittelbar vertraglich geschuldete Arbeitsleistung überhaupt zu erbringen, ein derartiger Fall läge hier aber nicht vor.[436] Das Kopftuch hindere die Verkäuferin nicht an der Erfüllung ihrer arbeitsvertraglich geschuldeten Aufgaben. Hinsichtlich einer denkbaren verhaltensbedingten Kündigung betont das BAG die Pflicht des Arbeitgebers, bei der Ausübung seines Weisungsrechts

---

428 LAG, Urt. v. 8. Mai 2015, Az. 18 Sa 1727/14, juris, Rn. 108; *Brose / Greiner / Preis*, Kleidung im Arbeitsverhältnis (Anm. 102), S. 369 (371).

429 Vgl. BAG, Urt. v. 3.2.2007, Az. 1 ABR 18/06, ZMV 2007, 97 f. sowie juris, Rz. 26.

430 LAG, Urt. v. 8. Mai 2015, Az. 18 Sa 1727/14, juris, Rn. 108.

431 *Brose / Greiner / Preis*, Kleidung im Arbeitsverhältnis (Anm. 102), S. 369 (379).

432 *Preis / Greiner*, Religiöse Symbole und Arbeitsrecht (Anm. 32), S. 653 (659).

433 Nur diffuse Ängste, die Kunden könnten möglicherweise ausbleiben, reichen nicht aus, um eine Einschränkung der Religionsausübung durch Tragen religiöser Symbole am Arbeitsplatz zu rechtfertigen, s. *Brose / Greiner / Preis*, Kleidung im Arbeitsverhältnis (Anm. 102), S. 369 (371).

434 *Brose / Greiner / Preis*, Kleidung im Arbeitsverhältnis (Anm. 102), S. 369 (379); auch *Mareck*, Das Kopftuchverbot in Betrieben öffentlicher und privater Arbeitgeber (Anm. 407), S. 416 (418) konstatiert, dass etwa das Tragen muslimischer Kopftücher für sich genommen für die deutschen Arbeitsgerichte „in den meisten Fällen" zumindest keinen Kündigungsgrund darstelle.

435 BAG, NJW 2003, 1685 = RdA 2003, 240 (m. Anm. *Preis/Greiner*, S. 244 ff.); instruktiv: *Preis*, Religionsfreiheit im Arbeitsverhältnis (Anm. 410), S. 33 (41 f.).

436 BAG, NJW 2003, 1685 (1686).

das spezifische, durch Art. 4 Abs. 1 und 2 GG geschützte Verhalten der Klägerin zu beachten.[437] Der Arbeitgeber dürfe grundsätzlich eine „branchenübliche Kleidung" verlangen. Auch sei sein Interesse nach einem einheitlichen Erscheinungsbild sowie der Erfüllung der Kundenerwartungen berechtigt. Das Weisungsrecht dürfe aber nur nach billigem Ermessen gem. § 315 BGB ausgeübt werden und kollidiert vorliegend mit der grundrechtlich geschützten Religionsfreiheit der Arbeitnehmerin. Im Rahmen einer Abwägung zwischen Art. 12 Abs. 1 GG und Art. 4 Abs. 1 und 2 GG betont das BAG die außergewöhnliche Bedeutung der Religionsfreiheit auf Seiten der Klägerin und moniert, dass der Grad der Beeinträchtigung von Art. 12 Abs. 1 GG durch einen nicht hinreichend konkreten Sachvortrag des Arbeitgebers nicht festgestellt werden könne.[438] Es seien keine Tatsachen vorgetragen worden, dass es durch das Tragen des islamischen Kopftuchs *„zu konkreten betrieblichen Störungen oder wirtschaftlichen Einbußen kommen würde. Die für das Kaufhaus der Bekl. bisher ungewohnte Bekleidung der Kl. und die Auffälligkeit des Kopftuchs mit den sich daraus ergebenden Assoziationen zum Islam rechtfertigen jedenfalls nicht per se eine andere Beurteilung. In Anbetracht des hohen Stellenwerts der Glaubens- und Religionsfreiheit sind (…) solche realen Gefährdungen konkret darzulegen."*[439]

Das BVerfG hat die gegen dieses Urteil eingelegte Verfassungsbeschwerde mit Beschluss vom 30. Juli 2003[440] nicht zur Entscheidung angenommen. In den kurz gehaltenen Gründen des Beschlusses führt das Gericht aus, dass das BAG die wechselseitigen Grundrechtspositionen erkannt und in plausibler Weise gewürdigt habe.[441]

Auch die vielfältige[442] erstinstanzliche Rechtsprechung, insbesondere im Bereich des europäischen Antidiskriminierungsrechts, welches mit den religiösen Bekleidungsfragen im Arbeitsverhältnis in einem engen Zusammenhang steht,

---

437 Grundlegend zur Frage der Rücksichtnahme auf religiöse Motivationen des Arbeitnehmers bei Ausübung des Weisungsrechts: BAG, KirchE 57, 140 ff. (NJW 2011, 156 ff.). Kann danach ein muslimischer Mitarbeiter nachvollziehbar darlegen, dass er sich an das islamische Alkoholverbot gebunden fühle, aus dem er ableite, auch das Einräumen alkoholischer Getränke in einem Einzelhandelsunternehmen unterlassen zu müssen, berechtigt dies den Arbeitgeber nur dann zur Kündigung, wenn keine andere, den Glaubenskonflikt vermeidende und den Umständen nach zumutbare Möglichkeit einer Beschäftigung bestanden hat. Der Arbeitgeber muss einen ihm offenbarten und beachtlichen Glaubens- und Gewissenskonflikt bei der Ausübung seines Weisungsrechts berücksichtigen. Das Beharren des Arbeitgebers auf Vertragserfüllung kann ermessensfehlerhaft i.S.v. § 106 S. 1 GewO i.V.m. Art. 4 Abs. 1 GG sein.
438 Zum Folgenden: BAG, NJW 2003, 1685 (1687).
439 Nicht näher ausgeführte Zweifel an diesem Urteil melden *Dütz / Thüsing*, Arbeitsrecht[22] (Anm. 415), § 9 Rn. 362 an.
440 BVerfG-K, NJW 2003, 2815.
441 BVerfG-K, NJW 2003, 2815 (2816).
442 Die nachfolgende Darstellung greift der Übersichtlichkeit halber nur wenige Judikate auf.

erweist sich als eher arbeitnehmerfreundlich in Fragen religiöser Diskriminierung. So hat etwa das ArbG Berlin mit Urteil vom 28. März 2012[443] ausgesprochen, dass es eine religiöse Diskriminierung i.S.v. §§ 1, 7, 15 AGG darstelle, wenn eine Bewerberin vor Abschluss des Bewerbungsverfahrens aus dem Kreis der in Betracht zu ziehenden Bewerberinnen ausgeschlossen wird, weil sie auf Nachfrage des Arbeitgebers angibt, das Kopftuch auch während der Arbeitszeit nicht ablegen zu wollen. Es bestehe keine objektive Notwendigkeit i.S.v. § 8 Abs. 1 AGG, die vorliegend ausgeschriebene Ausbildungsstelle als Zahnarzthelferin mit einer Person zu besetzen, die nicht der islamischen Glaubensgemeinschaft angehörig ist.[444] *„Ebenso wenig besteht eine Notwendigkeit, während der Tätigkeit in der Zahnarztpraxis aus zahnmedizinischen Gründen ein Kopftuch nicht zu tragen. Das Kopftuch ist nicht in stärkerem Maße ein Träger von Gesundheitsgefahren – etwas von Erregern oder Schmutz – als das menschliche Haupthaar. Es lässt sich mit Haube und Mundschutz ebenso leicht kombinieren wie mit einer einheitlichen Kleidung bestehend aus weißen Hosen, Hemden, T-Shirts oder Blusen."*

Bereits angesprochen[445] wurde das Urteil des LAG Berlin-Brandenburg vom 9. Februar 2017[446], in welchem einer abgelehnten muslimischen Lehramtsbewerberin eine signifikante monetäre Entschädigung gem. § 15 Abs. 2 AGG gewährt wurde.

Mit Urteil vom 27. März 2018 hat das LAG Nürnberg[447] das Verbot, während der Arbeitszeit aus religiösen Gründen ein Kopftuch zu tragen, als mittelbare Diskriminierung i.S.d. § 3 Abs. 2 AGG bzw. der Richtlinie 2000/78/EG gewürdigt. Der Arbeitgeber, Betreiber einer bundesweit tätigen Drogeriekette, verfolgt in seinem Unternehmen aufgrund der fachlich und international in hohem Maße durchmischten Belegschaft (ca. 15.000 Mitarbeitern aus 88 Nationen) eine Philosophie, nach der die Verpflichtung für alle Mitarbeiter bestehe, auf das Tragen und Anlegen auffälliger Symbole aller Art zu verzichten. Infolge mancher religiös motivierter innerbetrieblicher Konflikte in der Vergangenheit hat das Unternehmen, bestärkt durch die Schlussanträge der Generalanwältin beim Europäischen Gerichtshof *Juliane Kokott* vom 31. Mai 2016[448], eine unternehmensweite Regelung geschaffen, wonach in Zukunft sichtbare religiöse, politische und sonstige weltanschauliche Zeichen am Arbeitsplatz unzulässig seien. Das LAG ist der Ansicht, dass diese interne Regelung Arbeitnehmerinnen muslimischen Glaubens in stärkerem Maße als Angehörige anderer Glaubensrichtungen oder Arbeit-

443 NZA-RR 2012, 627.

444 Dazu und zum Folgenden: NZA-RR 2012, 627 (629).

445 Siehe oben Abschnitt C. IV. 2.

446 LAG Berlin-Brandenburg, NZA-RR 2017, 378 ff.

447 LAG Nürnberg, Urt. v. 27.3.2018, Az. 7 Sa 304/17, juris (= ArbR 2018, 260 [Leitsatz und Kurzwiedergabe]). Gegen das Urteil hat die Beklagte Revision eingelegt.

448 Siehe: http://curia.europa.eu/juris/document/document.jsf?docid=179082&doclang=DE (letzter Zugriff: Juni 2018). Zu diesem Verfahren siehe auch unten E.III.3.

nehmer mit bestimmten politischen oder philosophischen Ausrichtungen beein-trächtige.[449] Eine mittelbare Benachteiligung könne im vorliegenden Fall nicht durch einen „lediglich auf subjektiven Befindlichkeiten beruhenden Wunsch" des Arbeitgebers gerechtfertigt werden, eine Neutralitätspolitik zu betreiben. „Eine solchermaßen verordnete Neutralitätspolitik ist kein schützenswertes Gut der un-ternehmerischen Freiheit an sich. Diese Ansicht würde dazu führen, dass der un-ternehmerischen Freiheit gegenüber anderen gemeinschaftsrechtlichen Grund-rechten stets der Vorzug zu geben wäre. Die Grundrechte stehen indes in keinem Rangverhältnis."[450] Da auch keine Anhaltspunkte dafür vorlägen, dass die Beklag-te durch die Beschäftigung der Klägerin „mit Kopftuch" wirtschaftliche Nachteile zu erleiden hätte, sei die dienstliche Anordnung im Ergebnis nicht mehr von Wei-sungsrecht des Arbeitsgebers nach § 106 GewO gedeckt. Eine derartige Weisung verletze die Klägerin überdies in ihrem Grundrecht aus Art. 4 Abs. 1 und 2 GG.

Besondere Bedeutung für den Bereich der öffentlichen Kindergärten wird dem bereits erwähnten Beschluss des BVerfG vom 18. Oktober 2016[451] zuteil, wonach Kindergärtnerinnen die Kundgabe religiöser Bekundungen bzw. das Tragen re-ligiös konnotierter Kleidung nicht versagt werden kann. Dieser Beschluss wird sich auch auf die Kindergärten in privater Trägerschaft auswirken.

Nach ständiger bisheriger Rechtsprechung der deutschen Gerichte muss der Arbeitgeber insgesamt erhebliche Gründe, sprich: tatsächlich kollidierende Ver-fassungsgüter benennen, um eine dienstliche Anweisung im Individualfall oder eine betriebliche Kleiderordnung im kollektivarbeitsrechtlichen Bereich erlassen zu können, welche sich gegen religiös konnotierte Bekleidung wendet. Diskrimi-nierende Kundenpräferenzen sind ohne rechtlichen Belang.[452]

2. Die Rechtsprechung des EGMR

In der Rechtssache Eweida u.a. ./. UK hat der EGMR mit Urteil vom 15. Januar 2013[453] u.a. eine Unternehmensvorgabe verworfen, die einer am Check-In-Schal-ter einer britischen Fluggesellschaft tätigen Mitarbeiterin untersagte, während der Arbeitszeit über ihrer dienstlichen Uniform ein sichtbares christliches Kreuz

---

449 LAG Nürnberg, Urt. v. 27.3.2018, Az. 7 Sa 304/17, Rz. 48, juris.
450 LAG Nürnberg, Urt. v. 27.3.2018, Az. 7 Sa 304/17, Rz. 56, juris.
451 BVerfG, NVwZ 2017. 549 ff. Siehe auch die vielfältigen Anmerkungen: *Bauer*, ArbR 2017, S. 13; *Einfeldt*, ArbRB 2017, S. 3; *Frenz*, DVBl 2017, S. 129 ff.; *Muckel*, JA 2017, S. 393 ff.; *Mareck*, Das Kopftuchverbot in Betrieben öffentlicher und privater Arbeitge-ber (Anm. 407), S. 416 ff.; *Schubert*, Religiöse Symbole und Kleidungsstücke (Anm. 411), S. 2582 ff.; *Bauschke*, öAT 2017, S. 11; *Berghahn*, Vorgänge 2017, Nr. 1, S. 31 ff.; *Wiesner*, ZKJ 2017, S. 82 f.
452 *Brose / Greiner / Preis*, Kleidung im Arbeitsverhältnis (Anm. 102), S. 369 (379).
453 EGMR, NJW 2014, 1935 ff.

zu tragen.[454] Der EGMR betonte erneut die besondere Bedeutung der in Art. 9 EMRK garantierten Gedanken-, Gewissens- und Religionsfreiheit, die zu den Grundpfeilern der demokratischen Gesellschaft im Sinne der Konvention zählen.[455] Zur Religionsfreiheit gehöre es nach Maßgabe von Art. 9 Abs. 1 EMRK auch, seine Religion oder Weltanschauung mit anderen öffentlich oder privat, durch Gottesdienst oder Praktiken von Bräuchen und Riten zu bekennen. Ein derartiges „Bekenntnis" liege nur vor, wenn das Verhalten eng mit der Religion oder Weltanschauung verbunden ist, zum Beispiel eine gottesdienstliche Handlung oder ein Gebet, die in allgemein anerkannter Form Teil der Ausübung einer Religion oder Weltanschauung ist.[456] Das Tragen eines christlichen Kreuzes am Arbeitsplatz fällt nach Ansicht des EGMR ebenfalls darunter.[457] In dieses Recht ist durch die streitgegenständliche Weisung des Arbeitgebers eingegriffen worden.

Der EGMR trifft wichtige Feststellungen zum EMRK-Verstoß „durch Private" und deren Zurechenbarkeit zum jeweiligen Konventionsstaat. „Wenn (…) private Unternehmen die umstrittenen Maßnahmen ergriffen haben und die dem beklagten Staat daher nicht unmittelbar zugerechnet werden können, muss der Gerichtshof die Beschwerde unter dem Gesichtspunkt der positiven Verpflichtung der staatlichen Behörden und Gerichte prüfen, die Rechte aus Art. 9 EMRK den Personen unter ihrer Hoheitsgewalt zu garantieren. (…) Die Grenze zwischen positiven und negativen Verpflichtungen des Staates nach der Konvention lässt sich nicht genau ziehen, die anwendbaren Grundsätze sind aber ähnlich. In beiden Fällen muss ein gerechter Ausgleich zwischen den widerstreitenden Interessen des Einzelnen und der Allgemeinheit hergestellt werden, und in beiden Fällen hat der Staat eines gewissen Ermessensspielraum (…)".[458] Das Fehler ausdrück-

---

454 In drei parallel entschiedenen Fällen sah der EGMR hingegen keine Verletzung von Art. 9 EMRK. So sei die an eine christliche Krankenschwester unter Hinweis auf eine Kleiderordnung gerichtete Anweisung, ihr im V-Ausschnitt ihres Oberteils deutlich sichtbares Kreuz zu entfernen, vor dem Hintergrund von Art. 9 Abs. 2 EMRK nicht unverhältnismäßig. Der Arbeitgeber konnte nachweisen, dass der Verzicht auf Schmuckstücke jeder Art der Gesundheit und Sicherheit der Krankenschwester zu dienen bestimmt ist, da z.B. geistlich verwirrte bzw. desorientierte Patienten daran reißen können bzw. der Schmuck in offene Wunden gerät. In den beiden anderen Fällen haben sich Arbeitnehmer eines Standesamtes bzw. einer privaten Beratungsstelle aufgrund ihrer religiösen Überzeugungen geweigert, bei der Eintragung gleichgeschlechtlicher Partnerschaften mitzuwirken bzw. bei gleichgeschlechtlichen Paaren eine psychosexuelle Therapie anzuwenden. (Gewichtige) Gründe für eine unterschiedliche Behandlung wegen der sexuellen Orientierung einer Person lagen in diesen Fällen nicht vor. Die Anweisungen der Arbeitgeber, die auf eine Vermeidung jeder sexuellen Diskriminierung gerichtet waren, verstießen weder gegen Art. 9 EMRK noch gegen Art. 14 i.V.m. Art. 9 EMRK.
455 EGMR, NJW 2014, 1935 (1937).
456 EGMR, NJW 2014, 1935 (1938).
457 EGMR, NJW 2014, 1935 (1939).
458 EGMR, NJW 2014, 1935 (1938 f.).

licher Schutzvorschriften im britischen Recht für Konstellationen, in denen Religionsangehörige ihren Glauben am Arbeitsplatz bekennen möchten, weise noch nicht auf eine unzureichenden gesetzlichen Schutz der EMRK-Garantien hin. Die britischen Gerichte haben es allerdings nach Ansicht des EMGR unterlassen, einen gerechten, angemessenen Ausgleich herzustellen. Zwar sei das Anliegen des Arbeitgebers, ein bestimmtes Unternehmensbild zu vermitteln, berechtigt, doch haben ihm die Gerichte ein zu großes Gewicht beigemessen. Es sei nicht nachgewiesen worden, dass sich das Tragen religiöser Symbole in irgendeiner Weise negativ auf das Erscheinungs- oder Unternehmensbild der Fluggesellschaft ausgewirkt hätte.[459] Dies alles habe zu einem Verstoß der britischen Gerichte gegen ihre positiven Verpflichtungen aus Art. 9 EMRK geführt.

In der Rechtssache Ebrahimian ./. Frankreich[460] hat der EGMR durch Urteil vom 26. November 2015 das Kopftuchverbot an einer öffentlichen Klinik in Frankreich für rechtmäßig erklärt. Dieses Urteil ist deshalb von hervorgehobener Bedeutung, weil es den Besonderheiten des französischen Staats- und Religionsrechts[461] verpflichtet war, die in die unmittelbare vertragsrechtliche Beziehung zwischen der Beschwerdeführerin und der öffentlichen Klinik eingewirkt haben.

Der Eingriff in die Freiheit der Beschwerdeführerin, die als Klinikangestellte während ihrer Dienstzeit im Krankenhaus das muslimische Kopftuch tragen wollte, um ihre religiösen Überzeugungen kundzutun, ist nach Ansicht des EGMR in einer demokratischen Gesellschaft notwendig und verletze die Beschwerdeführerin nicht in ihren Rechten aus Art. 9 Abs. 1 EMRK.[462] Das Tragen eines muslimischen Kopftuchs sei ein „Bekunden" einer durch Art. 9 EMRK geschützten ernsten Religionsüberzeugung[463], in die durch die dem Staat (als öffentlichem Arbeitgeber) zuzurechnende Entscheidung, das Arbeitsverhältnis nicht zu verlängern, eingegriffen wurde. Zwar gebe es kein förmliches und ausdrückliches Gesetz, welches das Tragen eines religiösen Kleidungsstücks in öffentlichen Krankenhäusern untersage, allerdings bilde Art. 1 der französischen Verfassung, der in der französischen Rechtsordnung unbestritten die Rechtsgrundlage für die staatliche Verpflichtung zur Neutralität und Unparteilichkeit in allen religiösen Überzeugungen und der

---

459 EGMR, NJW 2014, 1935 (1940).
460 EGMR, NZA-RR 2017, 62.
461 Dazu: *Brigitte Basdevant-Gaudemet*, Staat und Kirche in Frankreich, in: Gerhard Robbers (Hrsg.), Staat und Kirche in der Europäischen Union, 2. Aufl., Baden-Baden 2005, S. 171 ff.; *Jean-Paul Durand*, Das französische Trennungsgesetz von 1905, in: Burkhard Kämper / Hans-Werner Thönnes (Hrsg.), Die Trennung von Staat und Kirche. Modelle und Wirklichkeit in Europa, Essener Gespräche zum Thema Staat und Kirche, Münster 2007, S. 5 ff.; *Claus Dieter Classen*, Laizität und Religionsfreiheit in Frankreich, ZevKR 62 (2017), S. 111 ff.
462 Bereits eine Kammer der V. Sektion des EGMR hatte das Vorliegen einer Verletzung von Art. 9 EMRK mit 6:1 Stimmen verneint.
463 EGMR, NZA-RR 2017, 62 (63).

Art ihrer Bekundung darstellt, in seiner Ausgestaltung durch die Rechtsprechung des Staatsrates und des Verfassungsrates eine ausreichend zuverlässige Rechtsgrundlage für die Einschränkung der Religionsfreiheit der Beschwerdeführerin.[464] Der Staatsrat habe in einer Stellungnahme vom 3. Mai 2000 die Verpflichtung zur religiösen Neutralität der Angehörigen des öffentlichen Dienstes bei Ausübung ihrer Tätigkeit im Hinblick auf die Grundsätze des Laizismus und der Neutralität eindeutig festgelegt. Diese Ziele sowie den Grundsatz des Laizismus zu sichern, stehe in Einklang mit den Grundwerten der Konvention.[465]

Ebenso wie in der Rechtssache *Eweida*[466] betont der EGMR auch in der Sache *Ebrahimian*[467] den weiten Ermessensspielraum der Konventionsstaaten hinsichtlich der mitgliedstaatlich zu vollziehenden Abwägung zwischen privaten bzw. privat-öffentlichen Interessen. Diesen Ermessensspielraum haben die französischen Behörden und Gerichte vorliegend nach Ansicht des EGMR nicht überschritten, als sie feststellten, dass zwischen den religiösen Überzeugungen der Beschwerdeführerin und ihrer Verpflichtung, sie im Dienst nicht zu bekunden, ein Kompromiss nicht möglich sei und dann entschieden, dem Erfordernis der Neutralität und Unparteilichkeit Vorrang zu geben. Anders als das BVerfG fordert der EGMR keine konkrete Gefahr für die staatliche Neutralität oder den Nachweis konkreter Störungen des Betriebsfriedens durch das Tragen des muslimischen Kopftuchs.[468] Der Fall *Ebrahimian* würde wohl in einem „deutschen Fall" anders entschieden werden, da das deutsche Religionsverfassungsrecht keinen strengen Laizismus französischer Prägung vertritt, sondern eine wohlwollend, freundlich-kooperative Beziehung von Staat und Religionsgemeinschaften pflegt.

3. Neuere Entwicklungen durch die Rechtsprechung des EuGH

Durch zwei neue Judikate des Europäischen Gerichtshofs, in denen sich das höchste Europäische Gericht erstmals mit der Frage nach der Zulässigkeit des religiös motivierten Tragens von Kopftüchern am Arbeitsplatz auseinandersetzen musste, hat die allgemeine Debatte um die Zulässigkeit religiöser Bekleidung und Symbole am privaten Arbeitsplatz neue Impulse erhalten.

Mit Urteil vom 14. März 2017[469] hat der EuGH in der Rechtssache C–157/15 (*G4S Secure Solutions*) zu den Voraussetzungen eines unternehmensinternen Neu-

---

464 EGMR, NZA-RR 2017, 62 (64).

465 EGMR, NZA-RR 2017, 62 (64).

466 Dort: EGMR, NJW 2014, 1935 (1940).

467 EGMR, NZA-RR 2017, 62 (65).

468 *Mareck*, Das Kopftuchverbot in Betrieben öffentlicher und privater Arbeitgeber (Anm. 407), S. 416 (417).

469 EuGH NJW 2017, 1087.

tralitätsgebots Stellung bezogen. Die Klägerin Samira Achbita arbeitete seit 2003 in dem belgischen Unternehmen im Rezeptions- und Empfangsbereich. In dem Unternehmen galt die – ungeschriebene – Regel, dass die Arbeitnehmerinnen und Arbeitnehmer am Arbeitsplatz keine sichtbaren Zeichen ihrer politischen, philosophischen oder religiösen Überzeugung tragen dürfen. Nach dreijähriger Unternehmenszugehörigkeit kündigte die Klägerin an, fortan ein islamisches Kopftuch tragen zu wollen. Während einer krankheitsbedingten Abwesenheit der Klägerin billigte der Betriebsrat formell die bisher ungeschriebene Regelung als Arbeitsordnung. Da die Klägerin an ihrem Vorhaben festhielt, wurde ihr gekündigt. Der belgische Kassationshof legte dem EuGH die Frage vor, ob Art. 2 Abs. 2 a) der Richtlinie 2000/78[470] so auszulegen ist, *„dass das Verbot, als Muslima am Arbeitsplatz ein Kopftuch zu tragen, keine unmittelbare Diskriminierung darstellt, wenn die beim Arbeitgeber bestehende Regel es allen Arbeitnehmern verbietet, am Arbeitsplatz äußere Zeichen politischer, philosophischer und religiöser Überzeugungen zu tragen?"*. Der EuGH erkennt in dem vorliegenden Verbot keine unmittelbare Diskriminierung i.S.v. Art. 2 Abs. 2 a) der Richtlinie, da die Neutralitätsregel alle Arbeitnehmer gleichermaßen erfasse.[471] „Aus eigenem Antrieb"[472] und über die Vorlagefrage hinausgehend[473], prüft der EuGH sodann das mögliche Vorliegen einer mittelbaren Benachteiligung i.S.v. Art. 2 Abs. 2 b) der Richtlinie.[474] Dem

---

470 Art. 2 Abs. 1: „Im Sinne dieser Richtlinie bedeutet „Gleichbehandlungsgrundsatz", dass es keine unmittelbare oder mittelbare Diskriminierung wegen eines der in Artikel 1 genannten Gründe geben darf." Art. 2 Abs. 2: „Im Sinne des Absatzes 1 a) liegt eine unmittelbare Diskriminierung vor, wenn eine Person wegen eines der in Artikel 1 genannten Gründe in einer vergleichbaren Situation eine weniger günstige Behandlung erfährt, als eine andere Person erfährt, erfahren hat oder erfahren würde;"

471 Kritisch dazu: *Adam Sagan*, Unionaler Diskriminierungsschutz gegen Kopftuchverbote am Arbeitsplatz, EuZW 2017, 457 (459).

472 *Schubert*, Religiöse Symbole und Kleidungsstücke (Anm. 411), S. 2582 (2584).

473 Diese Vorgehensweise mag irritieren, entspricht aber der ständigen Rechtsprechung des EuGH bei sog. „Vorabentscheidungen", so *Elisabeth Hartmeyer*, Kopftuchverbot in privaten Unternehmen. Religiöses Symbol und „corporate identity", EuZA 2017, 545 (550 f.).

474 Art. 2 Abs. 2: Im Sinne des Absatzes 1 „b) liegt eine mittelbare Diskriminierung vor, wenn dem Anschein nach neutrale Vorschriften, Kriterien oder Verfahren Personen mit einer bestimmten Religion oder Weltanschauung, einer bestimmten Behinderung, eines bestimmten Alters oder mit einer bestimmten sexuellen Ausrichtung gegenüber anderen Personen in besonderer Weise benachteiligen können, es sei denn, diese Vorschriften, Kriterien oder Verfahren sind durch ein rechtmäßiges Ziel sachlich gerechtfertigt, und die Mittel sind zur Erreichung dieses Ziels angemessen und erforderlich, oder ii) der Arbeitgeber oder jede Person oder Organisation, auf die diese Richtlinie Anwendung findet, ist im Falle von Personen mit einer bestimmten Behinderung aufgrund des einzelstaatlichen Rechts verpflichtet, geeignete Maßnahmen entsprechend den in Artikel 5 enthaltenen Grundsätzen vorzusehen, um die sich durch diese Vorschrift, dieses Kriterium oder dieses Verfahren ergebenden Nachteile zu beseitigen."

nationalen Richter gibt der EuGH „Auslegungshinweise"[475] für die Fallprüfung an die Hand – so könne im Rahmen der Prüfung einer mittelbaren Benachteiligung der „Wunsch eines Arbeitgebers, den Kunden ein Bild der Neutralität zu vermitteln", als Teil der in Art. 16 GrCh geschützten unternehmerischen Freiheit ein „rechtmäßiges Ziel" darstellen. Dies gelte insbesondere, wenn der Arbeitgeber bei der Verfolgung dieses Ziels lediglich solche Arbeitnehmer einbeziehe, die im Kundenkontakt stehen. Als „Politik der Neutralität" könne die interne Verbotsregel aber nur dann zulässig sein, wenn sie „tatsächlich in kohärenter und systematischer Weise verfolgt"[476] werde, was nur der nationale Richter mit Blick auf den konkreten Fall entscheiden könne. Für Arbeitnehmer ohne Kundenkontakt könnte die Verbotsregel aber unzulässig sein, da sie nicht erforderlich scheint. Hier fragt der EuGH im Rahmen einer „Interessenabwägung"[477], ob es der Firma „unter Berücksichtigung der unternehmensinternen Zwänge und ohne zusätzliche Belastung (…) möglich gewesen wäre", der Klägerin einen Arbeitsplatz ohne Sichtkontakt mit Kunden anzubieten.

In dem am selben Tag ergangenen Urteil des EuGH in der Rechtssache C–188/15[478] (*Bougnaoui und ADDH*) ging es um die Weigerung einer muslimischen Softwaredesignerin, auf Drängen des Arbeitgebers das Kopftuch abzulegen, der sich seinerseits durch entsprechende Kundenwünsche zur Aussprache eines solchen Verbots genötigt sah. Anders als im Fall G4S bestand im beklagten Unternehmen keine unternehmensinterne Regelung bzw. Kleiderordnung. Der zur Streitentscheidung angerufene französische Kassationsgerichtshof wandte sich mit der Vorlagefrage an den EuGH, ob der Wille des Arbeitgebers, dem Wunsch eines Kunden nach Service durch Angestellte ohne islamisches Kopftuch nachzukommen, eine „wesentliche und entscheidende" berufliche Anforderung im Sinne des Art. 4 Abs. 1 der Richtlinie 2000/78[479] darstelle. Denn damit könnten unmittelbare und mittelbare Benachteiligungen gerechtfertigt werden.[480] Der EuGH stellt zunächst fest, dass im Falle des Vorliegens einer internen Unternehmensregel die o.g. Grundsätze in der Rechtssache G4S Anwendung fänden. Ist dies nicht der Fall, sei zu prüfen, ob Art. 4 Abs. 1 der Richtlinie überhaupt im

---

475 EuGH NJW 2017, 1087 (1088, Rz. 33 – sic!).
476 EuGH NJW 2017, 1087 (1089, Rz. 40).
477 *Schubert*, Religiöse Symbole und Kleidungsstücke (Anm. 411), S. 2582 (2584).
478 EuGH, NJW 2017, 1089.
479 Art. 4 Abs. 1 (Berufliche Anforderungen): „(1) Ungeachtet des Artikels 2 Absätze 1 und 2 können die Mitgliedstaaten vorsehen, dass eine Ungleichbehandlung wegen eines Merkmals, das im Zusammenhang mit einem der in Artikel 1 genannten Diskriminierungsgründe steht, keine Diskriminierung darstellt, wenn das betreffende Merkmal aufgrund der Art einer bestimmten beruflichen Tätigkeit oder der Bedingungen ihrer Ausübung eine wesentliche und entscheidende berufliche Anforderung darstellt, sofern es sich um einen rechtmäßigen Zweck und eine angemessene Anforderung handelt."
480 *Stein*, Kopftuchverbot am Arbeitsplatz (Anm. 420), S. 828 (832).

nationalen Recht des Mitgliedsstaates umgesetzt wurde. Gem. Erwägungsgrund Nr. 23 der Richtlinie könne eine Merkmal, das im Sinne der Richtlinie mit der Religion im Zusammenhang stehe, „nur unter sehr begrenzten Bedingungen eine wesentliche und entscheidende berufliche Anforderung darstellen".[481] Der Begriff der „wesentlichen und entscheidenden beruflichen Anforderung" müsse objektiv von der Art der beruflichen Tätigkeit oder den Bedingungen ihrer Ausübung vorgegeben sein. Er könne sich nicht auf subjektive Erwägungen wie den Willen des Arbeitgebers erstrecken, besonderen Kundenwünschen zu entsprechen. Der EuGH macht sehr deutlich, dass es das *Merkmal* nach Art. 1 der Richtlinie ist, welches eine wesentliche und entscheidende berufliche Anforderung darstellen muss und nicht der Grund (Motiv), auf den die Ungleichbehandlung gestützt wird. Nach dieser Definition ist das Motiv der Neutralität gegenüber Kunden also unbeachtlich.[482]

Die Entscheidungen des EuGH sind erwartungsgemäß auf ein breites mediales und fachliches Echo gestoßen.[483] Erstmals sollte (und durfte) das höchste europäische Gericht Stellung zu der Frage beziehen, ob – und wenn ja, welche – unionsrechtlichen Vorgaben für das Tragen religiöser Symbole oder Kleidungsstücke bestehen. Den beiden Entscheidungen gemein ist die unmissverständliche Zuordnung des Kopftuchtragens zum Bereich der Glaubensausübungs- bzw. Bekenntnisfreiheit. Mit der nunmehr vorliegenden Rechtsprechung hat der EuGH generell wirkende, mit dem Neutralitätsgrundsatz begründete Bekleidungsvorschriften von Unternehmen ausdrücklich gebilligt und damit unionsweit die unternehmerische Entscheidungsfreiheit höher gewichtet als die Religionsfreiheit

---

481 EuGH, NJW 2017, 1089 (1091, Rz. 38).
482 *Schubert*, Religiöse Symbole und Kleidungsstücke (Anm. 411), S. 2582 (2585). Deutlich auch *Sagan*, Unionaler Diskriminierungsschutz (Anm. 471), S. 457 (458), wonach Kundenpräferenzen für die Rechtfertigung einer unmittelbaren Benachteiligung stets unbeachtlich sind und als bloß subjektive Erwägungen keine Bedeutung für die Prüfung beruflicher Anforderungen haben sollen.
483 Auswahl: *Marcus Jung*, Vorsicht Kleiderordnung!, FAZ v. 6.5.2017, S. 34; *Ders.*, Kopftuchverbot am Arbeitsplatz ist zulässig, FAZ v. 15.3.2017, S. 17; *Jaques Schuster*, Stoff für Kulturkampf, Die Welt v. 15.3.2017, S. 1; *Andre Tauber*, Europäischer Gerichtshof ebnet Weg für Kopftuchverbot, Die Welt v. 15.3.2017, S. 10; *Simone Schmollack*, Das Recht auf Religionsfreiheit, taz v. 15.3.2017, S. 12; *Heribert Prantl*, Majestätische Gleichheit, SZ v. 15.3.2017, S. 4 („Leitentscheidungen gegen die Religionsfreiheit"!); *Wolfgang Janisch*, Nicht in meiner Firma, SZ v. 15.3.2017, S. 2; *Steven Geyer*, Kopftuch-Urteil wirft Fragen auf, FR v. 15.3.2017; Juristische Analysen bei: *Schubert*, Religiöse Symbole und Kleidungsstücke (Anm. 411). S. 2582 ff.; *Sagan*, Unionaler Diskriminierungsschutz (Anm. 471), S. 57 ff.; *Stein*, Kopftuchverbot am Arbeitsplatz (Anm. 420), S. 828 ff.; *Schwarze*, Neutraler Unternehmensauftritt (Anm. 408), S. 943 ff.; *Hartmeyer*, Kopftuchverbot in privaten Unternehmen (Anm. 473), S. 545 ff.; *Tonio Klein*, Schleierhaftes vom EuGH? Wie zwei Urteile die Kopftuchdebatte in Deutschland beeinflussen, NVwZ 2017, 920 ff.

der Betroffenen.[484] Für die unternehmensinterne Regelung, die sich auf Mitarbeiterinnen und Mitarbeiter *mit Kundenkontakt* bzw. mit Repräsentationsaufgaben bezieht, bedarf es *keines* konkreten Anlasses; sie muss allerdings „systematisch und kohärent" sein. Vor einer Entlassung ist als milderes Mittel ein etwaiger „Arbeitsplatz ohne Sichtkontakt mit Kunden" anzubieten. Die deutschen Arbeitsgerichte haben die europäische Rechtsprechung vor dem Hintergrund der richtlinienkonformen Auslegung etwa im Kontext der §§ 1, 2 Abs. 4, 7 AGG, 1 KSchG zu berücksichtigen.[485]

Kritiker der neuen Rechtsprechung warnen davor, dass es für muslimische Frauen fortan auf dem Arbeitsmarkt wesentlich schwieriger werden könnte.[486] Andere warnen vor einem drohenden „Betriebslaizismus".[487] Nicht ganz von der Hand zu weisen ist wohl auch die tatsächliche religions- und integrationspolitische Dimension der Judikate.[488] In der – vom EuGH als milderes Mittel zu einer Kündigung betrachteten – Versetzung der kopftuchtragenden Mitarbeiterin an einen Arbeitsplatz ohne Kundenkontakt wird z.T. eine neue, erhebliche und unmittelbare Diskriminierung gesehen.[489] Offen bleibt zuletzt, wie viele Unternehmen seitdem von der neuen Gestaltungsmöglichkeit tatsächlich Gebrauch gemacht haben oder dies beabsichtigen. Empirische Erhebungen fehlen – soweit ersichtlich – bisher.[490]

---

484 *Hans Michael Heinig*, Säkular, aber nicht säkularistisch, FAZ v. 8.1.2018, S. 6.

485 *Schubert*, Religiöse Symbole und Kleidungsstücke (Anm. 411), S. 2582 (2586); *Sagan*, Unionaler Diskriminierungsschutz (Anm. 471), S. 457 (461), sieht für den Fall eines Durchschlagens auf die Interpretation des AGG aber „im Ergebnis keine nennenswerten Änderungen für das deutsche Recht", da selbiges hinsichtlich des Kopftuchtragens am Arbeitsplatz nicht auf das AGG rekurriert, sondern auf die Religionsfreiheit gem. Art. 4 Abs. 1 GG.

486 So etwa *Christine Lüders*, Leiterin der Antidiskriminierungsstelle des Bundes, zit. nach *Markus Jung*, Kopftuchverbot am Arbeitsplatz ist zulässig, FAZ v. 15.3.2017, S. 17. Die gleiche Gefahr sieht auch *Heribert Prantl*, Majestätische Gleichheit, SZ v. 15.3.2017, S. 4; *Schubert*, Religiöse Symbole und Kleidungsstücke (Anm. 411), S. 2582 (2586), empfindet ein „Gefühl der Widersprüchlichkeit" in den EuGH-Urteilen und warnt die Arbeitgeber davor, von nun an „mit Kanonen auf Spatzen" zu schießen.

487 *Wolfgang Janisch*, Nicht in meiner Firma, SZ v. 15.3.2017, S. 2.

488 In der Wortwahl eher harsch, in der Sache indes vielleicht nicht unzutreffend: *Jaques Schuster*, Stoff für Kulturkampf, Die Welt v. 15.3.2017, S. 1: „*Es wäre dennoch verlogen, das Urteil aus der Zeit zu heben und zu behaupten, es hätte nichts mit dem Kulturkampf zu tun, der in westlichen Welt, besonders aber in Europa wütet – auch wenn die meisten ihn so nicht nennen wollen. (…)*". In der Sache ähnlich *Heribert Prantl*, Majestätische Gleichheit, SZ v. 15.3.2017, S. 4.

489 *Sagan*, Unionaler Diskriminierungsschutz (Anm. 471), S. 457 (460).

490 *Alexander Hagelüken / Michael Kläsgen / Katharina Kutsche*, Bitte recht zwanglos. Richtlinien zum Tragen religiöser Zeichen kennen deutsche Firmen kaum. Das wollen die meisten so belassen, SZ v. 15.3.2017, S. 2. Nach *Stein*, Kopftuchverbot am Arbeitsplatz (Anm. 420), S. 828 (833), dürften in der Praxis neue umfassende Neutralitätsgebote in

IV. Exkurs: Fremde religiöse Kleidung in kirchlichen Unternehmen und Einrichtungen[491]

Die Frage, ob und inwieweit religiöse Kleidung oder Symbole am Arbeitsplatz zur Schau gestellt werden dürfen, stellt sich nicht zuletzt auch in besonderem Maße für *kirchliche* Arbeitgeber (etwa Diözesen, Kirchenstiftungen/Kirchengemeinden, kirchliche Unternehmen etc.). Gerade wenn der Arbeitgeber selbst privilegierter Grundrechtsträger ist, eröffnen sich komplexe Fragebereiche.[492] Die Kirchen sind von Verfassungs wegen (Art. 140 GG i.V.m. Art. 137 Abs. 3 WRV) dazu berechtigt, auf der Grundlage des allgemeinen Vertragsrechts des BGB ein kirchenspezifisches Arbeitsrecht zu etablieren und zu pflegen. Auf dieser Grundlage wurden zahlreiche kirchliche Arbeitsgesetze, Dienstordnungen und Richtlinien erlassen, die elementarer Bestandteil aller arbeitsvertraglichen Übereinkünfte sind. Getragen vom Leitbild der christlichen Dienstgemeinschaft[493] nimmt nach kirchlicher Auffassung jede einzelne Einrichtung / jeder einzelne Dienstnehmer ein Stück des Auftrags der Kirche in der Welt wahr.[494] Aus der jeweils vorhandenen Glaubens- und Sittenlehre der jeweiligen Kirche(n) können daher besondere Loyalitätsanforderungen an kirchliche Dienstnehmer entstehen.[495] Diese reichen bis in den

---

Unternehmen eher selten sein. Gleiches nimmt *Elisabeth Hartmeyer*, Kopftuchverbot in privaten Unternehmen (Anm. 473), S. 545 (554) an.

491 Einführend in das kirchliche Arbeitsrecht: *Gregor Thüsing*, Kirchliches Arbeitsrecht, Tübingen 2006; *Reinhard Richardi*, Arbeitsrecht in der Kirche, 7. Aufl., München 2015; Burkhard Kämper / Hans-Werner Thönnes (Hrsg.), Das kirchliche Arbeitsrecht vor neuen Herausforderungen. Essener Gespräche zum Thema Staat und Kirche (EssGspr.), Band 46, Münster 2012. Lesenswert auch: *Rüdiger Krause*, Die Auswirkungen des kirchlichen Selbstbestimmungsrechts auf das Arbeitsrecht, in: Bitburger Gespräche Jahrbuch 2017, S. 75 ff. sowie (mit pointiert-kritischem Einschlag) *Jens M. Schubert*, Die Autonomie der Kirchen bei der Regelung der arbeitsrechtlichen Beziehungen – unverzichtbares Voraussetzung der Selbstbestimmung oder Relikt?, ebd., S. 111 ff.

492 *Preis*, Religionsfreiheit im Arbeitsverhältnis (Anm. 410), S. 33 (35).

493 Dazu etwa: *Franz-Josef Overbeck*, Die Dienstgemeinschaft und das katholische Profil kirchlicher Einrichtungen, in: EssGspr 46 (2012), S. 7 ff.; *Jacob Joussen*, Loyalität im Spagat. Die neue EKD-Richtlinie für Mitarbeiter von Diakonie und Kirche, Zeitzeichen 5/2017, 18 ff.; *Ders.*, Die neue „Loyalitätsrichtlinie" der EKD, ZMV 2017, 12 ff.; *Ders.*, Das Arbeitsrecht in der Kirche (§ 7), in: Hans Ulrich Anke / Heinrich de Wall / Hans Michael Heinig (Hrsg.), Handbuch für evangelisches Kirchenrecht, Tübingen 2016, 276 ff.; *Gregor Thüsing / Daniela Jamann-Fink / Konrad von Hoff*, Das kirchliche Selbstbestimmungsrecht als Legitimation zur Unterscheidung nach der Religion. Zum Spannungsverhältnis von kirchlicher Dienstgemeinschaft, verfassungsrechtlicher Autonomie und europäischem Diskriminierungsrecht, ZfA 2009, S. 153 ff.

494 BVerfGE 46, 73.

495 *Gregor Thüsing*, Grund und Grenzen der besonderen Loyalitätspflichten des kirchlichen Dienstes – Gedanken zu den verfassungsrechtlichen Garantien und europarechtlichen Herausforderungen, in: EssGspr. 48 (2012), S. 129 ff.

engeren Bereich privater Lebensgestaltung. So drohen z.B. nach einem erklärten Kirchenaustritt, bei aktiv kirchenfeindlicher Betätigung oder auch einer zivilen Wiederheirat bei noch fortbestehender kirchlicher Ehe mitunter einschneidende arbeitsrechtliche Konsequenzen.[496]

Das Zurschaustellen „fremder", nicht mit dem christlichen Einrichtungscharakter harmonisierender religiöser Symbole ist nach Maßgabe des kirchlichen Arbeitsrechts nicht grundsätzlich verboten. So gibt es etwa kein kategorisches, präventives Kopftuchverbot in den Einrichtungen der katholischen bzw. evangelischen Kirche. In der Regel gibt es in karitativen/diakonischen Einrichtungen auch keine diesbezüglichen Dienstvereinbarungen.[497]

Fraglich ist allerdings, wie ein – hypothetisch aufgestelltes – Verbot nicht-christlicher Symbolik in kirchlichen Einrichtungen (verfassungs)rechtlich zu bewerten wäre, zugespitzt in der Frage, ob den Kirchen sogar eine Art „Diskriminierungsprivileg" – auch im Lichte des AGG – zuzugestehen ist.[498]

Überregional bekannt geworden sind in diesem Zusammenhang einige Entscheidungen aus dem kirchlichen Krankenhauswesen.

Den Einstieg in dieses neue arbeitsrechtliche Problemfeld stellte – soweit ersichtlich – ein Urteil des Arbeitsgerichts Köln vom 6. März 2008[499] dar, in welcher die Kündigung einer muslimischen Krankenschwester in einem Krankenhaus des Deutschen Caritasverbandes für unwirksam erklärt wurde. Im Verlaufe ihres Erziehungsurlaubes sei sie zum Islam konvertiert und wolle nun das muslimische Kopftuch tragen. Das Arbeitsgericht argumentierte, dass die Krankenschwester weiterhin dazu in der Lage sei, ihre vertraglich geschuldete Leistung zu erbringen. Die Versorgung der Patientinnen und Patienten werde nicht behindert oder erschwert. Das Tragen eines Kopftuchs durch eine muslimische Pflegekraft gefährde nicht den Tendenzbereich eines kirchlichen Trägers. Dieser könne allenfalls von den Arbeitnehmern, welche Tendenzträger seien, die Einhaltung der wesentlichen kirchlichen Grundsätze verlangen.[500] Tendenzträger seien aber nur solche „Funktionsinhaber, die in verantwortlicher Stellung einen maßgeblichen Einfluss auf die Tendenzverwirklichung und seine Repräsentanz haben. Hierzu gehören nicht Mitarbeiter, welche keine spezifische Tendenzverwirklichung bei der Tätigkeit ausüben."[501]

---

496 Jüngst: BVerfG, Beschl. vom 22. Oktober 2016, BVerfGE 137, 273 ff. (sog. „Chefarzt-Fall"); medial stark begleitet ebenfalls das sog. Schüth-Verfahren (EGMR, NZA 2011, S. 279).
497 Vgl. *Marcus Jung*, Vorsicht Kleiderordnung!, FAZ v. 6.5.2017, S. 34.
498 Diese Frage wirft mit Recht *Ulrich Preis*, Religionsfreiheit im Arbeitsverhältnis (Anm. 410), S. 33 (35) auf.
499 ArbG Köln, ZMV 2008, 221.
500 Die Parteien haben sich in der nachfolgenden Instanz verglichen, LAG Köln, Az. 3 Sa 785/08.
501 ArbG Köln, ZMV 2008, 221 (hier zitiert nach juris, Rn. 21).

Ein ähnlich gelagertes Verfahren wurde bis zum BAG betrieben, welches unter dem 24. September 2014[502] urteilte, dass das Tragen eines Kopftuchs als Symbol der Zugehörigkeit zum islamischen Glauben und damit als Kundgabe einer anderen Religionszugehörigkeit regelmäßig mit der arbeitsvertraglichen Verpflichtung einer in einer Einrichtung der Evangelischen Kirche tätigen Arbeitnehmerin zu einem zumindest neutralen Verhalten gegenüber der Evangelischen Kirche *nicht in Einklang zu bringen ist.* Auch in diesem Verfahren verlangte eine seit 1996 bei der Beklagten tätige Krankenschwester, ihren Beruf, nach Ende der Elternzeit mit anschließender längerer Krankheitsphase, nur noch mit einem muslimischen Kopftuch zu verrichten. Das evangelische Krankenhaus nahm das Angebot auf Arbeitsleistung zu diesen Konditionen nicht an und zahlte keine Arbeitsvergütung. Das ArbG hatte der Zahlungsklage noch stattgegeben.[503] Auf die Berufung der Beklagten hat das LAG die Klage abgewiesen.[504] Der Fünfte Senat des BAG hat das Berufungsurteil auf die Revision der Klägerin aufgehoben und die Sache an das LAG zurückverwiesen.[505]

Die Erfurter Richter führten aus, dass sich das Verbot, während der Arbeitszeit das Tragen des Kopftuchs zu unterlassen, bereits aus dem zwischen den Parteien geschlossenen Arbeitsvertrag ergebe. Es könne offenbleiben, ob dies Bestandteil der arbeitsvertraglichen Hauptleistungspflicht oder als arbeitsleistungsbezogene Nebenpflicht einzuordnen sei.[506] Die Klägerin habe sich im Arbeitsvertrag nicht nur *„verpflichtet, sich gegenüber der Evangelischen Kirche loyal zu verhalten (§ 4 Abs. 1 RL-EKD), sondern darüber hinaus den kirchlichen Auftrag zu beachten und die ihr übertragenen Aufgaben im Sinne der Kirche zu erfüllen (§ 4 Abs. 4 RL-EKD). Aus diesen Regelungen ergibt sich unmittelbar – als Mindestanforderung an die Aufgabenerfüllung im kirchlichen Dienst – eine Verpflichtung nichtchristlicher Mitarbeiterinnen und Mitarbeiter zu einem neutralen Verhalten gegenüber der Evangelischen Kirche."*[507]

Das BAG führt weiter aus: *„Eine Obliegenheit, das Tragen der von der Klägerin gewünschten Kopfbedeckung zu tolerieren, schränkte die Beklagte – vorausgesetzt, es handelte sich bei ihr um eine kirchliche Einrichtung – in ihrem durch Art. 140 GG, Art. 137 WRV garantierten kirchlichen Selbstbestimmungsrecht ein, indem aus der Eigenart des kirchlichen Dienstes resultierende, vertraglich vereinbarte Anforde-*

---

502 BAG, Urt. v. 24.9.2014, Az. 5 AZR 611/12, juris (nunmehr auch: BAGE 149, 144). Der Senat hat das Berufungsurteil auf die Revision der Klägerin hin aufgehoben und die Sache an das LAG zurückverwiesen.

503 ArbG Bochum, Urt. v. 31.3.2011, Az. 3 Ca 2843/10, juris.

504 LAG Hamm, Urt. v. 17.2.2012, Az. 18 Sa 867/11, KirchE 59, 124 ff.

505 LAG, Urt. v. 8. Mai 2015, Az. 18 Sa 1727/14, PflR 2015, 822 ff. Das LAG hat die Klage nunmehr endgültig abgewiesen.

506 BAG, Urt. v. 24.9.2014, Az. 5 AZR 611/12, juris, Rn. 39.

507 BAG, Urt. v. 24.9.2014, Az. 5 AZR 611/12, juris, Rn. 41.

rungen an die Aufgabenerfüllung durch die Klägerin gegenüber deren Glaubensfrei-
heit zurücktreten müssten. Werden – wie hier – *Loyalitätsanforderungen in einem*
Arbeitsvertrag festgelegt, nimmt der kirchliche Arbeitgeber nicht nur die allgemeine
Vertragsfreiheit für sich in Anspruch, er macht zugleich von seinem verfassungs-
rechtlichen Selbstbestimmungsrecht Gebrauch (…)."[508]

Die Glaubensfreiheit der Beklagten sei nur funktional, zeitlich und räumlich,
nämlich bei der Ausübung ihrer beruflichen Aufgaben eingeschränkt. Die Klägerin werde während ihrer Arbeitszeit als eine Muslima, die kein Kopftuch trägt,
nur von einem eingeschränkten Personenkreis wahrgenommen. Sie verrichte
ihre Tätigkeit als Krankenschwester nicht vor den Augen einer breiten Öffentlichkeit und muss sich ohne Kopftuch nur den Arbeitskollegen und Patienten und
ggf. auch Besuchern zeigen. *„Sie kann außerhalb der Arbeitszeit in ihrem privaten*
Umfeld und auch auf dem Hin- und Rückweg zur Arbeitsstelle uneingeschränkt den
Bekleidungsgeboten ihres Glaubens folgen und ein Kopftuch tragen. Indem ihr dies
nur während der Arbeitszeit untersagt ist, werden ihr keine unannehmbaren Loyali-
tätspflichten auferlegt."[509]

Das evangelische Krankenhaus müsste – so das BAG – würde es „Glaubensbekundungen der Klägerin tolerieren, zudem damit rechnen, dass andere nicht-
christliche Mitarbeiter ebenso während der Arbeitszeit Glaubensbekundungen
zugunsten der Religionsgemeinschaft, der sie jeweils angehören, tätigen würden."[510] Es bekräftigt die Rechtsauffassung des LAG, dass der Verkündungsauf-
trag der Kirche und deren Glaubwürdigkeit hierdurch ernsthaft gefährdet werden
könnten, wenn Außenstehende den Eindruck gewinnen könnten, die Kirche hal-
te Glaubenswahrheiten für beliebig austauschbar.

Der EGMR hatte die Frage eines Verbots religiöser Kleidungen in *kirchlichen*
Einrichtungen noch nicht zu beurteilen, betont allerdings in ständiger Rechtsprechung, dass es Sache der Religionsgemeinschaften ist, ihre Lehren und die
sich daraus ergebenden Folgerungen für den gemeinsamen Dienst in einer
kirchlichen/religiösen Einrichtung festzulegen.[511] Das Stellen besonderer Anforderungen wie z.B. die Religionszugehörigkeit bzw. gewisse gesteigerte Loyalitätspflichten wird von der kollektiven Religionsfreiheit, die ebenfalls von Art. 9
EMRK garantiert wird, getragen.[512] Sofern den Kirchen und Religionsgemein-

---

508 BAG, Urt. v. 24.9.2014, Az. 5 AZR 611/12, juris, Rn. 50.
509 BAG, Urt. v. 24.9.2014, Az. 5 AZR 611/12, juris, Rn. 58.
510 BAG, Urt. v. 24.9.2014, Az. 5 AZR 611/12, juris, Rn. 61.
511 EGMR, Urt. v. 26.10.2000 – 30985/96, ECHR 2000-XI, 119 ff., Rn. 78 (Hasan and Chaush ./.
     Bulgarien); EGMR, Urt. v. 23.9.2010 – 425/03 Rn. 44 (Obst ./. Deutschland), NZA 2011, 277;
     Urt. v. 23.9.2010 – 1620/03 Rn. 58 (Schüth ./. Deutschland), EGMR, NZA 2011, 279; Urt. v.
     3.2.2011 – 18136/02 Rn. 41 (Siebenhaar ./. Deutschland), NZA 2012, 199 ff.
512 *Claudia Schubert*, Der Einfluss der Europäischen Menschenrechtskonvention auf das
     kirchliche Arbeitsrecht – ein Beitrag zur jüngeren Rechtsprechung des EGMR, in: Kirche
     und Recht 2016, 165 (168 m.w.N.).

schaften eine Plausibilisierung dieses Selbstverständnisses vom kirchlichen Dienst gelingt[513], dürften Bekleidungsvorschriften in diesem Bereich konventionsrechtlich durchaus zulässig sein.

V. Zusammenfassung

Es ist keine uninteressante Beobachtung, dass sich die Frage nach der zulässigen Präsenz religiöser Bekleidung bzw. des „Problems Kopftuch"[514] in Betrieben privater Arbeitgeber deutlich seltener stellt als im öffentlichen Bereich. Die deutsche Rechtsprechung war – wie dargestellt – hier grundsätzlich von Anfang an eher arbeitnehmerfreundlich orientiert. Von der rechtlichen Seite her[515] könnte nun durch die europa- und menschenrechtlichen Impulse neuer Schwung in die Debatte kommen. Insbesondere die jüngere Rechtsprechung des EuGH wirft neue Fragen auf, die einer Klärung bedürfen: Wann ist eine Unternehmensregelung eigentlich „systematisch und kohärent" – nur dann, wenn Ausnahmen völlig ausgeschlossen sind?[516] Dürfen Unternehmen gleichsam „ab sofort" religiöse Leitlinien aufstellen, auch wenn sie bisher in religiös-weltanschaulichen Belangen eher liberal waren? Kann es einen innerbetrieblichen Vertrauensschutz geben? Darf – und wenn ja wie weit – das Neutralitätsverständnis eines Unternehmens den Arbeitnehmer überhaupt zu *derselben* Neutralität verpflichten?[517] Auf die dogmatischen Schwächen der EuGH-Judikate in den Abgrenzungsfragen zwischen mittelbarer und unmittelbarer Diskriminierung sei an dieser Stelle nur hingewiesen.[518]

Insgesamt bleibt der Eindruck durchaus bestehen, dass der private Arbeitgeber nunmehr – unter Neutralitätsgesichtspunkten – einen etwas breiteren Gestaltungsspielraum hat als der öffentliche Arbeitgeber, obwohl nur der zweitgenannte ausdrücklich zu religiös-weltanschaulicher Neutralität verpflichtet ist.[519] Anlass-

---

513 *Schubert*, Der Einfluss der Europäischen Menschenrechtskonvention auf das kirchliche Arbeitsrecht (Anm. 512), S. 165 (177).

514 Nicht unproblematischer Terminus bei *Mareck*, Das Kopftuchverbot in Betrieben öffentlicher und privater Arbeitgeber (Anm. 407), S. 416.

515 Es gibt derzeit keine Hinweise darauf, dass eine signifikante Zahl deutscher Unternehmen derzeit an neuen „Neutralitätsrichtlinien" arbeitet, so dass es noch kein *tatsächliches* Problem ist.

516 Wohl nicht zu Unrecht in diesem Sinne: *Stein*, Kopftuchverbot am Arbeitsplatz (Anm. 420), S. 828 (831).

517 S. *Sagan*, Unionaler Diskriminierungsschutz (Anm. 471), S. 457 (460): „Aus diesem Blickwinkel wäre deutlich geworden, dass das Neutralitätsverständnis des Arbeitgebers für sich genommen nur eine – grundrechtlich unterlegte – Paraphrase seiner Entscheidung ist, religiöse Zeichen im Betrieb zu verbieten."

518 Kritisch dazu etwa: *Stein*, Kopftuchverbot am Arbeitsplatz (Anm. 420), S. 828 (831 ff.).

519 Zu den möglichen Sanktionsinstrumentarien der privaten Arbeitgeber bei Verstößen: *Mareck*, Das Kopftuchverbot in Betrieben öffentlicher und privater Arbeitgeber (Anm. 407),

lose religionsbezogene Dresscodes im Privatunternehmen sind fortan möglich. Der Betriebsrat hat hier mitzuwirken und ein Mitbestimmungsrecht.[520] Im Ergebnis wenig glücklich wirkt der Umstand, dass der *singuläre* Kundenwunsch, nicht mit religiösen Symbolen im Rahmen des geschäftlichen Kontaktes konfrontiert zu werden, eine daraufhin getroffene Einzelfallregelung rechtswidrig macht, jedoch für den Fall, dass er zu einer unternehmensweiten Neutralitätsregelung führt, eine solche Maßnahme sehr wohl „gerechtfertigt" sein kann.

Die Rechtsprechung des BVerfG zum Kopftuch der muslimischen Lehrerin und des EuGH zur kopftuchtragenden Mitarbeitern weichen in einem wesentlichen Punkt voneinander ab, nämlich dem (Nicht-)Anerkenntnis einer anlasslos aufgestellten Unternehmensregelung, welche religiöse Symbole am Arbeitsplatz untersagt. Einem solchen Verständnis hat sich das BVerfG entgegengestellt – zumindest für den Bereich der öffentlichen Schule bzw. für den öffentlichen Kindergarten. Der „Abwägungslösung" des BVerfG steht nun die „Neutralitätslösung" des EuGH gegenüber.[521]

Das der Themenbereich nach wie vor entwicklungsoffen ist und immer neue Fälle hervorbringt, zeigt ein aktueller Fall aus Berlin. Am dortigen katholischen Canisius-Kolleg, an welchem das kirchliche Arbeitsrecht Anwendung findet, wurde – unter ausdrücklicher Hervorhebung ihrer fachlich-wissenschaftlichen Kompetenzen – eine muslimische Lehrerin angestellt, die ein Kopftuch trägt.[522] Von Beschwerden seitens der Schülerinnen und Schüler oder der Eltern ist nichts bekannt geworden. Es bleibt abzuwarten, ob die katholische Einrichtung in einem (hoffentlich nicht eintretenden) „dresscode-bezogenen" Konfliktfalle hinreichend plausibel machen könnte, warum das äußere Erscheinungsbild der Mitarbeiterin nun nicht mehr „tragbar" sein soll.

S. 416 (418).

520 *Brose / Greiner / Preis*, Kleidung im Arbeitsverhältnis (Anm. 102), S. 369 (373).

521 *Schwarze*, Neutraler Unternehmensauftritt (Anm. 408), S. 943 (944 f.), der auf einen möglichen zukünftigen Konflikt zwischen den beiden Gerichten hinweist, falls das BVerfG entscheiden müsste, „ob die „Neutralitäts-"Rechtsprechung des EuGH den „Menschenwürdekern" der Religionsfreiheit beeinträchtigt und damit die „Identität" des Grundgesetzes verletzt".

522 Vgl. *Ann-Kathrin Hipp*, Pater Tobias Zimmermann. Rektor des Canisius-Kollegs stellt kopftuchtragende Lehrerin ein, Der Tagesspiegel vom 12.12.2017, S. 8; *Kathrin Spoerr*, „Wir haben uns bewusst für die Lehrerin mit Kopftuch entschieden", Die Welt v. 11.12.2017, S. 8.

F. Ein (nicht ganz vollständiger) Ausblick

Zum Abschluss sei der Bogen zu den einleitenden Feststellungen geschlagen. Diese Zusammenstellung dient einem ersten, informierenden Zugriff auf die Grundproblematik, der notwendigerweise nicht abschließend sein und nicht jede einzelne Facette der vorgestellten Einzelfälle würdigen kann. Manche Fragen konnten etwas tiefgehender gewürdigt, andere nur angedeutet werden.

Den hier vorgestellten Fallkonstellationen ließen sich weitere zur Seite stellen. Nicht zuletzt im Bereich öffentlicher und kirchlicher Kindertagesstätten sind weitere Judikate zu erwarten. Auch die „Burkini-Frage" wird aktuell wieder neu diskutiert, nachdem ein Gymnasium in Herne mehrere dieser Schwimmanzüge auf eigene Kosten angeschafft hat, um die muslimischen Mädchen zu einer Rückkehr zum Schwimmunterricht zu bewegen.[523] Hier reicht das Meinungsspektrum vom Lob einer klugen, zumindest vertretbaren schulpolitischen Maßnahme bis hin zu einer vernichtenden Einordnung als „Einknicken vor fundamentalistischen Elternhäusern" (so etwa die Bundesministerin für Ernährung und Landwirtschaft Julia Klöckner).

Schließlich werden auch die Fragen nach der zulässigen Präsenz religiöser Symbolik in öffentlichen Gebäuden nach der jüngsten Entscheidung des bayerischen Kabinetts vom 24. April 2018, wonach zum 1. Juni in den mehr als 1100 bayerischen Dienststellen und -gebäuden ein Kreuz aufgehängt werden solle, neu und womöglich schärfer gestellt werden. Zumindest die ersten Reaktionen auf diese – mittlerweile in § 28 der Allgemeinen Geschäftsordnung für die Behörden des Freistaates Bayern umgesetzte – Anordnung waren durchaus kontrovers[524] und

---

523 Dazu: *Karoline Poll/Hubert Wolf*, Im Burkini zum Schwimmen, WAZ v. 12.6.2018, S. 3; *Stefan Heinemeyer*, Giffey hält Burkinis für vertretbar, Münchner Merkur v. 26.6.2018, S. 4; *Ronja Ringelstein*, Hauptsache, Schwimmen lernen, Der Tagesspiegel v. 26.6.2018, S. 10; *Stephan Hebel*, Burkini, in Gottes Namen, Frankfurter Rundschau v. 26.6.2018, S. 11; *Heinz Buschkowsky*, Burkini in der Schule? Kein Bedarf, Frau Ministerin!, Bild v. 26.6.2018, S. 2; *Birgit Kelle*, Das Prinzip Burkini, Die Welt v. 28.6.2018, S. 2.

524 Auswahl aus den kaum mehr überschaubaren Artikeln, Stellungnahmen und Analysen: „Das Kreuz hat sicher einen Bezug zum Wahlkampf", Nürnberger Nachrichten v. 23.6.2018, S. 14; *Katja Auer*, Kreuz und Haltung, SZ v. 2.6.2018; *Thomas Ribi*, Der Staat darf sich nicht bekennen, NZZ v. 30.5.2018, S. 12; *Philipp Daum*, Wie im Himmel, so in Bayern, TAZ v. 26.5.2018, S. 20–22; *Heribert Prantl*, Söders politische Messe, SZ v. 30.4.2018, S. 4; *Horst Dreier*, Der Staat darf sich nicht mit einer Religion identifizieren, Die Welt v. 30.4.2018, S. 21; *Udo di Fabio*, Gott steht im Grundgesetz, Die Zeit v. 3.5.2018, S. 4; *Michael Brenner*, Fremd im Freistaat, SZ v. 5.5.2018, S. 45; *Ludger Schwienhorst-Schönberger*, Kreuz, Macht und Ohnmacht. Zur Debatte um das Kreuz in Bayern, in: Herder Korrespondenz 2018, S. 13 ff.; *Alexander Haneke*, Religion oder Tradition? Warum der Kruzi-

haben aufgrund ihrer Schärfe (und dem vertretenden Meinungsspektrum) nicht wenige politische und fachwissenschaftliche Beobachter durchaus überrascht.

Man wird nicht falsch in der Annahme liegen, dass die Thematik religiös konnotierter Bekleidung und Symbolik in der Öffentlichkeit – nicht zuletzt mit Blick auf eine zunehmend säkularer werdende, sich aber auch religiös-weltanschaulich weiter pluralisierende Gesellschaft – weiterhin Hochkonjunktur haben wird.

fix-Beschluss des Bundesverfassungsgerichts kaum Konsequenzen hatte, FAZ v. 30.4.2018, S. 8.; *Friedrich Wilhelm Graf*, Auf Kreuzzug, SZ v. 27.4.2018, S. 2; *Christian Deutschländer*, „Kaltes Kalkül": Zornige Kreuz-Debatte im Landtag, Münchner Merkur v. 27.4.2018, S. 2; *Benedict Neff*, Im Kreuzfeuer der Republik, NZZ v. 2.5.2018, S. 6; *Reinhard Bingener*, In hoc signo vinces, FAZ v. 2.5.2018, S. 1; *Julian Nida-Rümelin*, Der Staat trägt kein Kreuz, Der Tagesspiegel v. 13.5.2018, S. 5; *Paul Kreiner*, Das missbrauchte Kreuz, Stuttgarter Zeitung v. 12.5.2018, S. 8; *Karsten Riechers*, Söder über Kreuz mit dem Kardinal – der Papst lädt ihn zur Privataudienz, BILD v. 19.5.2018, S. 12; *Marco Hadem*, Der heilige Markus, Abendzeitung v. 2.6.2018, S. 11.